U0104011

史學研究叢書・歷史文化叢刊

北宋的外戚與政治

黃純怡　著

圖片說明：馬遠〈西園雅集圖〉

　　元祐元年（1086），蘇軾兄弟、黃庭堅、李公麟、米芾、蔡肇等十六位名士，於駙馬王詵宅邸西園集會。龍眠以畫筆記其事，遂成為這一著名畫題的最初範本，惜其所作已經失傳。馬遠所繪長卷共分四段。此為其中兩段。

目次

第一章
前言

問題意識

　　自秦代以後，外戚就出現在中國歷史的政治舞台上，有的成為后妃勢力的延伸，有的則成為亡國的主因。漢高祖劉邦建國後，呂后在惠帝即位時臨朝稱制八年，援引呂氏家族為勢。武帝即位後，外戚權力開始擴張，武帝晚年有「巫蠱之禍」，太子劉據被迫殺江充而謀反，結果兵敗而自經。武帝臨終時詔立幼子弗陵為太子，霍光以大司馬大將軍之位輔政，霍氏家族勢力逐漸威脅皇權。昭宣兩帝英明，尚能抑制外戚勢力，重塑皇權，但在元、成、哀、平四帝時，皇帝皆因懦弱昏庸或年紀幼小，外戚勢力因而再起，王氏家族長期把持朝政，終致王莽篡漢成功，西漢滅亡。東漢光武帝繼立，削弱三公權力，繼位的皇帝一旦幼弱，外戚和宦官得到權力便專擅之，雙方皆力圖挾持皇帝，因此自和帝以後，幼主繼立成為常態，幼主長大後又不滿專權的外戚，結合宦官剷除外戚，如此惡性循環直至漢亡。[1]

　　唐代的外戚與后妃干政有關，盛行於高祖到肅宗之間（618-762），高祖李淵就是隋代外戚出身，李淵能起兵除有祖父李虎的政治資源外，外戚身分也是因素之一。李淵的母親獨孤氏是隋文帝獨孤皇

1　關於漢代的外戚，可參見傅樂成：〈西漢的幾個政治集團〉，收入《漢唐史論集》（臺北市：聯經出版社，1977年），頁1-35。該篇論文探討漢初功臣集團及外戚集團，武帝時的山西軍人與外戚軍人等課題。張小鋒：《西漢中後期政局演變探微》（天津市：天津古籍出版社，2007年）以西漢中後期君權衰落，外戚勢力滋長的政局來討論。

后的姐姐，李淵父與楊堅是連襟關係，由此可知李唐的崛起和外家勢力有關。李淵娶大臣竇毅之女為后，太宗李世民凌煙閣功臣之首長孫無忌，亦為其妻舅，長孫任三省長官，且輔佐高宗多年，直至武后上位才失去榮寵。武氏掌權重用武氏子孫，如武承嗣、武三思等成為武氏最信任的人。中宗復辟代之而起的又有韋家勢力，玄宗即位後也曾因寵愛楊氏而讓楊國忠任宰相，唐代一直到安史之亂後，外戚勢力才漸漸消弭，[2]代之而起是宦官與藩鎮的問題。據羅龍治的研究，唐代后妃外戚之擅權，實為胡漢文化衝突調和過程中所產生新的政治問題，后妃／宦官代表胡族文化的執行者，山東世族代表漢族儒家文化的執行者。（頁7）由於李唐皇族之先世和胡人雜處，其母系又雜有胡人血統，故生活習慣、倫常觀念都與傳統漢人不同，唐代前期后妃外戚的宮闈政權即有胡族風習之助長而形成。

宋代建國後，外戚表現出與以往不同的風貌，對政治影響力大大降低，雖有多位女主垂簾聽政，但卻未曾出現外戚亂政的現象。「宋代無外戚」似已成學界的共識，然而這是因祖宗家法的強力約束，還是皇權增強的必然結果，有待進一步梳理，以了解宋代在政治與社會上的變化與發展。

記載北宋真宗時宰相丁謂（966-1037）的《丁晉公談錄》是最早提到太祖「杯酒釋兵權」的作品，其後又有王曾的《王文正公筆錄》，在這則耳熟能詳的故事裡，說明了太祖與宰相趙普的對答內容，他們擔心建國之後，功臣集團因擁立皇帝有功，對皇權有潛在的威脅，於是在一場宴席上，太祖與功臣石守信、王審琦等人喝酒，在

---

2 見羅龍治：《唐代的后妃與外戚》（臺北市：桂冠出版社，1978年）。王壽南：〈唐代公主之婚姻與政治〉，收入《唐代人物與政治》（臺北市：文津出版社，1999年），頁236-287。毛漢光：〈唐代後半期后妃之分妃之分析〉，《臺大文史哲學報》37期（1989年），該篇以史傳資料論證唐代后妃在後期勢力不如前期，是因為本身條件（出身背景及身分）不足，以致外戚集團的勢力無法產生影響力。

酒酣耳熱之際，提出了「釋去兵權，擇便好田宅市之，為子孫立永久之業，多置歌兒舞女，日飲酒相懽，以終其天年」的「退休計畫」。果然，這些與太祖一起打天下的好兄弟們，都心神領會，叩首稱謝，隔日皆稱疾解兵權，以散官就第，君臣之間無所猜嫌的千古佳話由此誕生，功臣們也得到與皇室相結婚姻的機會。[3]

　　觀諸中國歷史，宋太祖的杯酒釋兵權不僅展現宋代皇帝中央集權的決心，也是任何開國王朝的「優良典範」。畢竟當政者談笑風生間，就可和平奪權而未加濫殺功臣，徹底根絕了功臣發生兵變的危險。讓這些武將乖乖的奉上兵符，其後再將藩鎮、財政權和兵權都收歸了中央。放眼其他朝代，似乎都難以望其項背。石守信等功臣的識時務，可說穩定宋初的政局，也似乎為自身家族謀得更好的前程。其後，太祖果真兌現了互聯姻親的諾言，把守寡的妹妹嫁給高懷德，把自己的兩個女兒分別嫁給石守信和王審琦的兒子，三弟光美做了張令鐸的女婿。君臣無猜，共保富貴。

　　在中國歷史上，皇權是政治的中心，而絕對的、幾乎無法受到拘束的皇權，[4]在皇帝無法有效施政時，能接近皇帝並得到信任的人，就很容易得到權力，即所謂「側近政治」的現象，皇帝身邊的后妃、宦官與外戚等，也就在中國歷史上占有一席之地。北宋（960-1127）一百六十七年的歷史中，最常被提到的就是「強幹弱枝」、「重文輕

3　杯酒釋兵權的內容，後來被司馬光《涑水紀聞》與李燾《續資治通鑑長編》所記錄，見《涑水紀聞》卷一，頁11-12。與司馬光大體同時的王鞏在《聞見近錄》中也有一段類似的記載，「太祖即位，方鎮多偃蹇，所謂十兄弟者是也。上一日召諸方鎮，授以弓劍，人馳一騎，與上私出固子門大林內，下馬酌酒。上語方鎮曰，『此處無人，爾輩要作官家者，可殺我而為之。』方鎮伏地戰慄。上再三諭之，伏地不敢對。上曰，『爾輩既欲我為天下主，爾輩當盡臣節，今後無復偃蹇。』方鎮再拜呼萬歲。」

4　中國的皇權是否專制，在學界尚有爭議，政治史學者蕭公權、張君勱等人都認為皇權是絕對的專制，但歷史學者如錢穆認為皇權尚有儒家教義、士大夫輿論可以制衡。

武」的國策，其積弱的武力，無法有效制服鄰近的強族，但卻避免了唐五代以來的藩鎮割據、臣強君弱的情形。

太祖釋兵權的背後，雖然與功臣武將結姻，但這僅是作為給予功臣富貴榮華的保證，想要在政治舞台上有更多發揮的餘地，僅有虛銜是不夠的，個人能力、皇帝的信任才是必要法則。佐伯富曾說過，宋代的皇帝們，與秦始皇、漢武帝等獨裁君主最大的不同，是在於這些獨裁君主是憑藉著自己的個人能力，而宋代所建立的則是一個有完整制度與之配合的君主獨裁政體[5]。因此，也就是說，在宋代建立的制度之下，君主即便是沒什麼能力，憑著獨裁的制度的設計，仍能實施獨裁統治。

當然，任何的制度設計，都不可能盡善盡美，能夠維護皇權體制，這是古代制度的最大特色。很明顯的一件事是，宋代不僅在制度上建立君主獨裁，而宋代皇帝與士大夫們維護制度的意願也明顯的比其他朝代來得高，對朝政改革、人事任用，鑒於前代的歷史經驗，更是常將「祖宗之法」掛在嘴邊。[6]宋代皇帝也常自得於祖宗之法的維護，徽宗說：

> 朕觀前世外戚擅事，終至禍亂天下。唯我祖考創業垂統，承平百有餘年，外戚之家未嘗與政，厥有典則，以貽子孫。[7]

---

5 佐伯富：〈宋朝集權官僚體制の成立〉，收入《岩波講座世界歷史》（東京：岩波書店，1970年）第九冊，頁171-172。

6 可見鄧小南：《祖宗之法——北宋前期政治述略》（北京市：生活‧讀書‧新知三聯書店，2006年），本書以北宋前期為中心，討論君臣在不同時事上，對祖宗之法做出不同的解釋與利用。

7 宋徽宗：〈誡約勿援韓忠彥例以戚里宗屬為三省執政官詔〉，收入《宋大詔令集》（北京市：中華書局，1997年12月）卷162，頁617。

光宗言：

> 祖宗家法最善，待外戚尤嚴。[8]

高宗有次對贈封后族或母族的父祖王爵的問題上發表看法，他自言「朕於外戚，不敢之所私也。況待遇后家，又不敢與宣和皇后家等，故邢氏待遇比韋氏要減。」[9]高宗所言，表示他對於母族與后族的待遇有區隔，這也是自我表彰遵守祖制的表現。

　　韓忠彥（1038-1109）曾在北宋哲宗時受到重用，但在幼弟嘉彥娶神宗女兒唐國、溫國長公主後，他就一再避嫌，乞罷尚書左丞的職位，哲宗不許他辭官，台諫也紛紛進言反對，元祐五年（1090）改任同知樞密院事。在徽宗即位後，元符三年（1100）四月，韓忠彥再度為相，但這次反對的聲浪比之前小很多，僅有諫官劉拯以「忠彥雖以德選，然不可啟貴戚預政之漸」發言，在崇寧元年（1102）韓忠彥罷相之後，徽宗在崇寧二年（1103）寫了一篇〈誡約勿援韓忠彥例以戚里宗屬為三省執政官〉詔。韓忠彥的外戚身分早在哲宗時就已確立，這應是徽宗即位以後朝野無人不知的事，如果貴戚不能為執政，那麼元符三年的任相，又是為何？在韓忠彥罷相以後，徽宗的詔書就像是一種自清的舉動，但其實顯見徽宗前後心態的矛盾之處。

　　外戚能否重用？能否給予榮銜？能否位列宰執？這些在宋代其實並沒有條列或制度化的相關規定，而是隨著時間的推進，慢慢在朝野間形成共識。在研究外戚問題上，最有趣的現象是，在一個能力操守

8　見《玉海》卷130〈官制宗戚，紹熙內治〉聖鑒（上海市：古籍出版社，1992年，四庫全書本）冊946，頁461。

9　岳珂：《愧郯錄》（北京市：中華書局，1985年叢書集成初編本）卷15〈外戚贈王爵〉，頁133。

俱佳，皇帝也想要賦予重權的「外戚」出現以後，大臣們會如何看待
這個外戚（或不認為他是傳統意義上的外戚），又如何的去解釋，或
以違反祖制的理由去反對他成為更有權力的人。

前人研究下的外戚

「外戚」指的是皇帝的母族與妻族，尚包括皇帝的姐妹與女兒的
夫族。在中國歷史上曾發生過王莽取西漢而代之的實例，東漢也是外
戚當權，並且產生一定的模式，由先帝皇后擁立年幼的皇子，而自己再
以太后身分輔佐，引用太后信任的親族（通常也兼具豪族身分）委以
實權，但最後失敗者多，「陰、郭、馬三家保全，甚餘皆無不敗者」[10]。

有鑒於歷代外戚弄權、擅權而導致國勢衰落的情形層出不窮，宋
代的外戚也同樣成為統治者與士大夫防漸的對象，因此外戚在宋代一
直沒有出現重大的政治問題，也使得這一領域的研究，較少受到學界
的注意。早期學者多半認為，宋代無外戚問題，如宮崎市定認為，宋
代外戚在對於皇室內部的事情已沒有任何發言權，他們就好像把自己
的女兒供奉給神明一樣，只能引以為榮，得到短暫的快樂，因此認為
「無漢王氏之患」。[11]柳詒徵也說「宋代是看不見篡奪的時代」[12]，沒
有外戚干政的問題。

張邦煒於一九九三年出版《宋代皇親與政治》一書，該書在導言
首先提出「宋代究竟有無內亂」、「宋代是否形成內朝」等問題，並企
圖藉由宋代宗室、后妃、外戚與宦官的研究來尋求解答，在第三章

---

10 趙翼：《二十二史劄記》（臺北市：世界書局，1986年10月）卷三〈兩漢外戚之
禍〉，頁41。
11 宮崎市定：〈宋元的經濟狀況〉，《世界文化史大系》第十二卷，頁337。
12 柳詒徵：《中國文化史》（臺北市：正中書局，1964年再版）中冊，頁223。

〈宋代外戚與政治〉中，張氏討論了一些從政受阻的外戚如錢惟演和張堯佐，也討論徽宗時前後拜相的韓忠彥、鄭居中，南宋的錢端禮、韓侂冑、賈似道，他認為在宋代的士大夫文化下，外戚想要居於權力中心，幾乎都必須承受排山倒海的抨擊與反對，就算是有如徽宗時前後拜相的韓忠彥、鄭居中，南宋的韓侂冑、賈似道，這些外戚都有一些特殊的背景原因，因此認為宋代對外戚能優遇加防範，法制嚴密，不給實權，才能避免外戚干政亂政。[13]

綜合前輩學者的看法，外戚在宋代並沒有像漢代一樣產生干政或亂政的情形，其原因包括宋代士大夫監督力量的崛起、后妃家族式微、祖宗家法的約束與后妃與外戚的自我約束等。

二〇〇七年張儒婷《宋代外戚地位研究》，是以宋代的「待外戚之法」切入，探討宋代如何加強對外戚的限制，張的論文認為宋代對外戚是有嚴格的防範措施的，通過經濟、政治、日常生活交往來削弱外戚的特權，本書也是第一本有系統來討論外戚的出身、封賞和任官等問題的著作。[14]

以家族史的研究方法來討論外戚的論文相當眾多；如何冠環〈宋太祖朝的外戚武將〉、〈北宋外戚將門陳州宛丘符氏考論〉、專書《攀龍附鳳──北宋潞州上黨李氏外戚將門研究》，皆以北宋初年外戚將門家族為研究中心，這些家族均屬宋代建立的功臣集團，為攏絡他們，開國者以功臣子弟作為皇族的婚配對象，讓他們這些功臣又增加外戚的身分。何冠環主要是使用家族史的研究方法，輔以宋初政治局勢，探討這些將門在宋初統一天下到和契丹的戰爭下的作用。[15]至於

---

13 張邦煒：《宋代皇親與政治》（成都市：四川大學出版社，1993年12月）。

14 張儒婷：《宋代外戚地位研究》（長春市：東北師範大學碩士論文，2007年6月）。

15 何冠環：〈宋太祖朝的外戚武將〉，收入《漆俠先生紀念文集》（保定市：河北大學出版社，2006年），頁309-319。〈北宋外戚將門陳州宛丘符氏考論〉，《中國文化研究

以個別家族為研究對象的論文，則有柳立言〈宋初一個武將家族的興起──真定曹氏〉、任立輕《宋代河內向氏家族研究》、高路加《高姓群體的歷史與傳統》、何成〈宋代王審琦家族興盛原因述論〉、王善軍〈宋代真定曹氏家族剖析〉、胡坤〈近代貴盛，鮮有其比──三代外戚武將宋偓事蹟考述〉等，[16]這些文章檢視北宋幾個外戚家族興起與沒落，並梳理他們在政治的影響，可以發現這些外戚家族的共同點是先有軍功後才成為外戚，並非因為其外戚身分才受到重用。

　　針對個別外戚的研究，有外戚武將李繼隆、文臣錢惟演等，[17]然偏重角度以個人事功或文學影響為主，對其外戚身分較少涉及。

　　前代外戚參政干政的歷史經驗，對宋代士人有很大的影響，如何防微杜漸，也是士人們關心的問題。由於外戚與政的程度與影響各有不同，以至於引起士人的反對與議論的程度也有差異，為方便討論，本文欲先以北宋的外戚為探討對象，尤其是參與朝政的外權，身處權力中心，在個人仕途發展與祖宗家法的約制下如何求取平衡，另外外戚的生活，與皇親／大臣之間的交往關係，雖然史料多有限制，但企圖從中梳理出北宋外戚的輪廓，及其他文人如何看待「外戚」。

所學報》（2007年），頁13-49。專書《攀龍附鳳──北宋潞州上黨李氏外戚將門研究》（2013年）及《北宋武將研究》（2003年）均由香港中華書局出版。

16 柳立言：〈宋初一個武將家族的興起──真定曹氏〉，《中國近世社會文化史論文集》（臺北市：中央研究院歷史語言研究所，1992年6月），頁55-64。任立輕：《宋代河內向氏家族研究》（保定市：河北大學碩士論文，2006年4月）。高路加：《高姓群體的歷史與傳統》（呼和浩特市：內蒙古大學出版社，1997年10月）。何成：〈宋代王審琦家族興盛原因述論〉，《甘肅社會科學》2001年6月，頁69-71。王善軍：〈宋代真定曹氏家族剖析〉，《歷史文化研究》第19輯（韓國外國語大學歷史文化研究所，2003年），頁189-209。胡坤：〈近代貴盛，鮮有其比──三代外戚武將宋偓事迹考述〉，收入姜錫東編：《宋史研究論叢》第十二輯（保定市：河北大學出版社，2011年12月），頁150-174。

17 賈明杰：《宋初名將李繼隆研究》（保定市：河北大學碩士論文，2008年6月）。馬天寶：《北宋吳越錢氏後裔──錢惟演研究》（保定市：河北大學碩士論文，2011年6月）。

第二章
從武將到文臣：宋初的外戚

第一節　宋代以前的外戚論述

　　外戚又稱外家、戚畹，指皇帝的母族、妻族與君主姐妹和女兒的夫族，其中包括皇帝母親或妻妾的娘家、駙馬家族等。宋代以前的正史，從司馬遷開始將〈外戚〉列入世家，司馬遷秉持春秋筆法及實錄精神，將漢高祖到武帝五代的外戚以敘事方式加以記錄，其後，各代的正史撰作者也大都將外戚入列傳，因此史家對外戚史事的記錄，如何處理史料，如何討論他們，可以幫助我們理解其後的文人用什麼角度看待外戚。

　　司馬遷（西元前145?-90）在自序裡說明了自己的學術淵源，他除了接受父親司馬談的教育外，也受到漢代董仲舒春秋公羊學的影響，也師從孔安國學習古文尚書，當司馬遷繼承太史令的職位後，接觸大量的史料，作為他寫作〈太史公書〉的素材。司馬遷〈外戚世家〉，他在前言裡這麼說：

　　　　自古受命帝王及繼體守文之君，非獨內德茂也，蓋亦有外戚之
　　　　助焉。夏之興也以塗山，而桀之放也以末喜，殷之興也以有
　　　　娀，紂之殺也嬖妲己，周之興也以姜原及大任，而幽王之禽
　　　　也淫於褒姒。故易基乾坤，詩始關雎，書美釐降，春秋譏不
　　　　親迎。

　　夫婦之際，人道之大倫也。禮之用，唯婚姻為兢兢。夫樂調而四時和，陰陽之變，萬物之統也，可不慎歟？[1]

　　上述的內容，從夏商周三代的歷史來討論，朝代的興起是外戚（后妃家族）之助，而朝代的亡覆也與后妃有關，故而婚姻乃人倫之大道，不但應該謹慎，也有命運的成分在其中。天人說或天命說在《史記》中是很常出現的，朝代的更迭興衰，也都與之有關，然而這並非指人不必反抗這種不可抗拒之力的消極態度，而是在極具戲劇性的命運中，每個人面對的方式都不同，在司馬遷記錄外戚的資料裡，呈現出因為每人的性格不同，而呈現人生歷程的多樣性，或精彩，或可笑可悲。外戚的重用始於「以色事人」的后妃，其後家族權傾天下，但卻很快的又邁向衰亡，就此反映出命運無常的特質。他曾評論呂氏被消滅後，迎立代王為文帝，就是因為其家族勢力薄弱，「此豈非天邪？非天命孰能當之？」[2]接著，司馬遷敘述漢文帝即位後，竇氏家族的興衰。竇氏原為呂后旁的宮女，後來以良家子賞賜代王，竇姬很受到代王的喜愛，一連生了一女兩男，代王后在代王未立為帝之前就病死，原王后所生的四子也都病卒，因此在文帝即位後，將竇姬所生的長男立為太子，竇氏也就這樣被立為后，一家人也都受到重用。「竇氏凡三人為侯」，其中尤以竇嬰最為突出。

　　其次值得注意的論述內容，是司馬遷引漢武帝立幼子為太子，為了防微杜漸外戚之禍，賜死鉤弋夫人的舉動。太史公曰：「為武帝生子者，無男女，其母無不譴死，豈可謂非賢聖哉！」[3]司馬遷所處的

1　《史記》卷49〈外戚世家〉，頁1967。
2　《史記》卷49〈外戚世家〉，頁1970。
3　《史記》卷49〈外戚世家〉，頁1986。

西漢中期，還沒有發生王莽之禍，但他已從西漢前期的歷史看到外戚對政治的不良影響，因此他稱讚武帝賜死鉤弋夫人是昭然遠見。這個論述內容明顯的為後世的史家所因襲。

班固《漢書》把后妃列在〈外戚傳〉，唯有王元君因為王莽故，另外立在〈外戚傳〉之後為〈元后傳〉。〈外戚傳〉序與《史記》〈外戚世家〉大同小異，都以夏商周的興衰與外戚休戚相關來討論，在班固的論贊中，提到：

> 夫女寵之興，繇至微而體至尊，窮富貴而不以功，此固道家所畏，禍福之宗也。序自漢興，終於孝平，外戚後庭色寵著聞二十有餘人，然其保位全家者，唯文、景、武帝太后及邛成后四人而已。[4]

由以上可知，藉由漢代外戚的興衰史，史家認為外戚的身分敏感，禍福相倚，雖可權傾一時，但若想全身而退、保全家族富貴則屬不易。因此，唐代的史家對前代的外戚之禍，這樣表達了他們的看法，外戚的顯榮地位，是透過「椒房之寵」而得到的，勢力傾朝後，又「居安而不慮危，務進而不知退；驕奢既至，釁隙隨之者乎！」由此觀之，「守道謙沖者」才能永保貞吉，保全自家。[5]

原來司馬遷在敘事裡所強調的天命觀，到了唐代以後撰述的史籍裡卻越來越被淡化了，取而代之的是藉由各代的歷史經驗，務實的歸結出外戚的「保全之法」：低調、知進退、守道、謙沖，這點也成為宋代文人針對外戚與政時，最常提出的論點。

4　班固：《漢書》卷97〈外戚傳〉，頁4011。
5　房玄齡：《晉書》卷93〈外戚傳〉，頁2409；李延壽：《北史》卷14，頁538。等都有提及此點。

第二節　權力與傳承

外戚由於是皇室的親戚，除了少數外戚在成為外戚之前就有功名或官位在身外，其餘外戚均可憑恩蔭制度補官，享受朝廷的優惠待遇，依照外戚的恩補方式，有定例與推恩兩種。

一　定例

在三年一次的大禮舉行郊祀，祭拜天地，又行明堂禮，祭后土。在大禮結束後，皇帝大赦天下，並照例恩補官員子弟、外戚子弟及公主夫家親屬等。在郊禮後，根據制度，太皇太后、皇太后可恩補家族弟侄或親戚四人，皇帝可恩補兩人；貴妃與婉容各號內命婦許奏補有服親屬一人，昭儀至才人各號內命婦可奏補小功以上親屬一人，公主可奏補夫家子弟或親戚兩人，郡主可奏補嫡子嫡孫一人。方法大致如下：

> 凡奏戚屬，太皇太后、皇太后、皇后本期期親，奉禮郎；大功，守監簿；小功，初等幕職官；緦麻，知令、錄。……依換官法，奉禮郎即知侍禁，幕職官即左班殿直，知令、錄即右班殿直，判、司、主簿、尉即奉職，試監簿即借職。[6]

皇帝生日也是定例，外戚可以藉此推恩。太宗至道二年（996）始有壽寧節推恩之令。[7]身為太宗妻舅李繼隆在太祖時被削官，其後

6　《宋史》卷159〈選舉志〉「補蔭」，頁3724-3725。

7　馬端臨：《文獻通考》（臺北市：臺灣商務印書館，1987年）卷34〈選舉七〉，頁324中。

在太祖生日的長春節，與其母入奏才被復官，可見節慶是有推恩的例子。不過利用皇帝生日奏補官人數日益增多，他們都可支薪，形成很大的財政缺口，神宗開始有了限制：

> 神宗既裁損臣僚奏蔭，以宮掖外戚恩尤濫，故稍抑之。舊，諸妃遇聖節奏親屬一人，間一年許奏二人，郊禮許奏一人。嬪御每遇郊奏一人，兩遇聖節與一奏。後定，諸妃每遇聖節，郊，許奏有服親一人。淑儀、充儀、婕妤、貴人遇郊，許奏小功以上親一人，位號別而資品同者，許比類奏薦。舊，公主每遇聖節、郊禮，奏夫之親屬一人；公主生日，許奏一人。後罷生日恩，所奏須有服親。皇親妻兩遇郊，許奏期親一人，後罷奏。[8]

哲宗元祐三年（1088）高太皇太后令：「今後每遇聖節，大禮生振，本家合得親屬恩澤，并四分減一」，[9]將奏恩人數減少。

后妃的生日或公主生日，也可以推恩補錄該后族或公主夫族的子弟，只是如前史料引文，神宗時因為推恩者太多，公主生日的奏補一人就取消了。另外就是在冊封后妃時，同時恩補其家族子弟及親戚，以示恩寵。

二　特恩

后妃誕育皇子有功，其戚里可以恩補官。方法如下：

8　《宋史》卷159〈選舉志〉「補蔭」，頁3730。

9　《宋史》卷243〈高皇后傳〉，頁8626；卷159〈選舉志五〉，頁3730。

元符後，命婦生皇子許依大禮奏有服親，三品以上三人。宗室
總麻親，許視異姓蔭孫。凡蔭補異姓，惟執政得奏，如簽書樞
密院事雖依執政法，而所蔭即不理選限。[10]

仁宗董淑妃生公主，仁宗詔令錄補董家子弟四人為官。政和二年
（1112）崔婉容為徽宗生了皇子，其親屬推恩有差。神宗宋貴妃死，
徽宗以其誕育皇嗣數人，於政和七年（1117）推恩蔭補宋家子弟共十
人。[11]只是推恩的人數有時還是會依皇帝對該名嬪妃的寵愛而定。

　　皇帝的母親或后妃因病過世，皇帝也會推恩照顧其家族。如神宗
時曹太后死，推恩於曹氏，曹后兄弟進三官、子行進兩官、孫行進一
官，被賞者百餘人。[12]

　　宋代外戚子弟透過恩蔭入仕，而有「七色補官人」之稱。[13]以下
來看他們實際恩蔭任官的情形。下列表格不列出外戚非恩補官者，像
是有的外戚以原有軍功入仕，或舉進士入仕，初任官都非以恩補不列。

附表　北宋恩蔭入仕之外戚

姓名	親屬	初補官職	品階
杜彥超	杜審琦子	西京作坊使	正七品
杜彥圭	杜審瓊子	六宅副使	從七品
杜彥遵	杜審肇子	南作坊使	正七品
杜彥鈞	杜審進子	供奉官	從八品

---

10 《宋史》卷159〈選舉志〉「補蔭」，頁3731。
11 《宋史》卷243〈鄭皇后傳〉，頁8639。
12 《長編》卷303元豐三年三月己丑條，頁7371。
13 趙昇：《朝野類要》，收入《唐宋史料筆記叢刊》（北京市：中華書局，2007年10月）
　　卷三〈捧香〉，頁65：「后妃親屬該恩得官者，謂之捧香恩例」。

（續）

姓名	親屬	初補官職	品階
杜守元	杜彥圭子	左班殿直	正九品
杜贊文	杜彥鈞子	供奉官	從八品
杜贊寧	杜彥鈞子	殿直	正九品
杜惟序	杜守元子	三班奉職	從九品
王繼勳	太祖王皇后弟	內殿供奉官	從八品
王惟德	王繼勳孫	汝州司士參軍	從九品
宋元靖	太祖宋皇后兄弟	供備庫使	正七品
宋元度	太祖宋皇后兄弟	供備庫副使	從七品
宋元載	太祖宋皇后兄弟	左侍禁	從八品
宋元亨	太祖宋皇后兄弟	左侍禁	從八品
宋惟簡	宋元度子	殿直	正九品
宋惟易	宋元度子	三班奉職	從九品
劉知信	杜太后侄兒	供奉官	從八品
劉承宗	劉知信子	殿直	正九品
劉永釗	劉承宗子	右侍禁	從八品
劉文裕	簡穆皇后侄孫	殿直	正九品
劉文曧	簡穆皇后侄孫	供奉官	從八品
劉文質	簡穆皇后侄孫	內園使	正七品
尹崇珪	太宗尹皇后兄弟	西京作坊使	正七品
尹昭吉	尹崇珂子	西京作坊使	正七品
尹昭輯	尹崇珂子	供奉官	從八品
李繼隆	太宗李皇后兄	供奉官	從八品
李繼和	太宗李皇后兄	供奉官	從八品
李繼恂	太宗李皇后兄	洛苑使	正七品
李昭亮	李繼隆子	供奉官	從八品

（續）

姓名	親屬	初補官職	品階
李昭慶	李繼隆子	洛苑使	正七品
李昭遜	李繼恂子	供備庫使	正七品
李惟賢	李昭亮子	三班奉職	從九品
符昭愿	太宗符皇后兄弟	供奉官	從八品
符昭壽	太宗符皇后兄弟	供奉官	從八品
符承諒	符昭壽子	內殿承制	正八品
符惟忠	符彥卿曾孫	三班奉職	從九品
吳守禮	公主與吳元扆子	六宅使	正七品
吳守嚴	吳元扆子	內殿崇班	正八品
吳守良	吳元扆子	內殿崇班	正八品
吳守讓	吳元扆子	閣門祇候	從八品
吳承嗣	吳守嚴子	殿直	正九品
吳承緒	吳守嚴子	殿直	正九品
王道卿	王貽永子	西上閣門使	正七品
李端懿	李遵勗子	如京副使	從七品
李端愿	李遵勗子	如京副使	從七品
李端愨	李遵勗子	左藏庫使	正七品
李評	李端愿子	供奉官	從八品
郭中庸	仁宗郭皇后兄弟	左侍禁	從八品
郭中和	仁宗郭皇后兄弟	西染院副使	從七品
曹佾	仁宗曹皇后弟	右班殿直	正九品
曹誘	曹佾子	左藏庫副使	從七品
郭崇信	真宗郭皇后兄	左藏庫使	正七品
郭崇儼	真宗郭皇后兄	崇儀使	正七品
郭崇仁	真宗郭皇后兄	殿直	正九品

（續）

姓名	親屬	初補官職	品階
劉美	真宗劉皇后從兄	三班奉職	從九品
劉從德	劉美子	殿直	正九品
劉從廣	劉美子	供奉官	從八品
馬季良	劉美女婿	越州上虞縣尉	正九品
劉永年	劉從德子	內殿崇班	正八品
楊景宗	真宗楊淑妃從父弟	茶酒班殿侍	無品階
李用和	仁宗母舅	三班奉職	從九品
李璋	李用和子	三班奉職	從九品
李珣	李用和子	閤門祗候	從八品
高遵甫	英宗高皇后父	北作坊副使	從七品
高遵裕	高后叔	供備庫副使	從七品
高遵惠	高后從叔	供奉官	從八品
高士林	高皇后弟	內殿崇班	正八品
高公紀	高士林子	閤門祗候	從八品
高世則	高公紀子	左班殿直	正九品
任澤	英宗母舅	供奉官	從八品

　　以上共計七十人。初補官七品者二十二人，占31.4%，八品者二十七人，占38.6%，九品者二十人，占28.6%，無品階者一人，占1.4%。根據以上的表格，可以發現恩蔭的外戚多半以八品或九品入仕，而職位也多任供奉官、殿直等侍從官，再根據推恩或特恩的情形，以及個人表現等，或有外放領郡的機會。初官七品者，外戚中有功者推恩，如杜太后家族、太宗李皇后家族外，還有公主和駙馬的兒子，算是皇帝的外甥，因此也會有特殊的禮遇。

　　此外，外戚當中的駙馬，是直接授官的。皇帝的女兒稱公主，皇

帝的姐妹稱長公主，皇帝的姑母是大長公主，因此根據皇帝與駙馬的
關係，駙馬授予的官職也有不同。在神宗熙寧八年（1075）之前，尚
公主的駙馬授駙馬都尉，初次授小將軍，不論公主稱號。在熙寧八年
以後，規定則有改變：

> 駙馬都尉選尚公主、長公主，并除小將軍，下降日，除刺史；
> 選尚大長公主，即除大將軍，下降日，除團練使。[14]

駙馬的官職都是武官，品階比前述恩蔭的外戚要高，但是屬於沒有實
權的虛銜。在駙馬當中，李遵勗、王師約、潘正夫、蔡儵等四人原本
是屬於文官，因尚主而改武官。這四位駙馬除蔡儵因父親蔡京之故蔭
補朝散郎（正七品）外，都是進士出身。韓琦的幼子韓嘉彥尚神宗唐
國、溫國長公主，下降日曾要求換文資，仍不得，[15]可見武資換援之
不易。

外戚在任官上的基本原則，就是高官厚祿但不予實權，由於宋代
基本國策是重文輕武，因此外戚以武職為主。據李心傳記載，當時高
宗納邢皇后，邢后在靖康之禍後留在北方，高宗曾虛中宮之位十六年
以待。為示對后父邢煥的優禮，擢邢煥徽猷閣待制，而受到諫官們的
反對，反對的理由就是不合祖制：

> 后族戚里，不得任文資，恐擾法而干政。[16]

由此可知外戚想要轉任文資是非常困難的。然而有些外戚是科舉考試

---

14 《宋會要輯稿》帝系8之53，頁189。

15 《宋會要輯稿》帝系8之54，頁175。

16 李心傳：《建炎以來朝野雜記》甲集卷1〈憲節邢皇后〉，頁35。

出身，任官之後才有外戚身分，這類情形是否轉任文資則不一定。像韓琦之子韓忠彥，他的幼弟韓嘉彥尚公主，已是他任官多年後的事。仁宗時張貴妃的叔父張堯佐，也是先考上進士任官後，自己姪女才做了貴妃，他們在外戚身分之下仍保持文資。張貴妃的父親張堯封也是進士出身。有的文官則在外戚身分確立後，被要求轉任武資，如真宗劉皇后姪女婿馬季良時任工部侍郎，仁宗親政後，改任濠州防禦使。仁宗並言：「祖宗之制，不可以私恩廢。」[17]英宗時，虞部員外郎向經之女被選為穎王妃，向經即改任貴州防禦使，也是由文資轉任武資的例子。

其實外戚不得任文資，只是一個大致的原則，有的學者認為韓忠彥和張堯佐沒有轉武資，有可能是因為后妃親屬的關係沒有那麼直接，像韓嘉彥任駙馬後，他被授予左衛將軍，與韓忠彥的情形不同（張儒婷，頁9），故他以家世以儒進為由，想換文資而不得。不過，這個原因如果成立，那麼馬季良和劉皇后的關係並非直系親屬，又如何說明呢？吾人認為任何制度的限制都有例外的時候，這些規範在皇恩浩蕩之下也常會被打破，太祖建隆元年（960），杜太后之弟杜審瓊初被授國子祭酒，就是一個外戚破例被授文資的例子，其後才改拜左領軍衛將軍。徽宗時「皇后之父，至為太師，帝女之夫，乃作侍從」[18]，也都是皇權下的特例。

外戚擔任的職位，限制主要有二點：一是不准任侍從官，二是不得任二府要職。前者所謂侍從官指凡帶殿閣待制以上職名者，用來「以待文學之選」，對學問文采有所要求，地位高但無職掌，是用來

---

17 《皇宋中興二朝聖政》（臺北市：文海出版社，1967年）卷3建炎二年正月條，頁484-485。該條內容係留正言章獻太后垂簾時，外戚馬季良想易武弁，被仁宗以「祖宗之制不可以私恩廢」拒絕事，意在提醒高家對隆裕太后的家族，亦應守祖宗家法。又參見張邦煒：《宋代皇親與政治》，頁244。

18 李心傳：《建炎以來繫年要錄》，卷11建炎元年十二月庚辰，頁258。

作為皇帝侍從以備顧問的。[19]殿閣侍從官有清望,又與皇帝親近,屬
儲備人才,日後出將入相的機會也較高:「入則議論朝廷政事,出則
鎮撫一路」[20]。外戚如前述,以武官為主,當然沒有資格任侍從官,
成為皇帝的幕僚以備顧問,也影響他們更上一層樓的機會。

二則是不得任中書門下及樞密院職,此為二府。依據外戚個人的
條件及皇帝的看重,或可有機會進入二府,但在祖制的限制下,台諫
往往會加以反對,因此任二府是極為不易。徽宗即位初,韓忠彥與曾
布拜相,韓罷相時,徽宗詔曰:「自今勿援忠彥例,以戚里宗屬為三省執
政官,世世守之,著為甲令」[21]。南渡後,高宗也重申此令:「歷考祖
宗朝,后父無文臣侍從官者,朕欲遵依舊制。」[22]此種規範在其後也
被提出,孝宗時錢端禮任參知政事,欲更上層樓被諫官上言不得任執
政。[23]

外戚以武官為主,據史籍所載的外戚,尤其是后族的父祖輩,常
被贈節度使的官職,與唐代的節度使不同,此職到了太宗端拱年間,
被裁去原有軍政實權,成為榮銜的虛職。北宋初節度使無職掌,其事
務悉由本州知州、通判總領之,亦無定員,成為宗室近屬、外戚、國
婿等人的出路:

> 初除,鎖院降麻,其禮尤異,以待宗室近屬、外戚、國婿年勞
> 久次者。[24]

---

19 《宋史》卷162〈職官志〉,頁3816。

20 李燾:《續資治通鑑長編》,卷221熙寧四年三月辛丑,當時王安石與神宗討論用人
   問題,頁5384。

21 《宋會要輯稿》職官1之30,頁244。

22 《宋會要輯稿》后妃2之11,頁224。

23 《宋史》,〈錢端禮傳〉錢端禮並非后父,而是皇長子鄧王的岳父。頁11831。

24 見《宋史》卷166〈職官志〉,頁3946。

可知節度使在宋代地位與待遇優厚，雖無實權，但卻是酬庸性質的榮譽職。

　　北宋初年對外戚建節較嚴，非近屬及其大功者不除：「國初外戚罕有建節者。太祖時，杜審進以元舅之尊，窮老才得節度使。」[25]其後到徽宗時開始變為浮濫，所授六十位節度使中，有十位是外戚，僅次於親王皇子二十六人及宗室十一人。北宋的外戚節度使，初為后族的父親，最早自信安孟王忠厚始，其後寖多。

　　雖然外戚以武資居多，但除非情況特殊，否則盡可能不讓他們掌握兵權。如真宗時劉美，因劉后懇讓，「中輟者數四」（《宋史》卷463〈劉美傳〉，頁13549），後授龍神衛四廂都指揮使，又改侍衛馬軍都虞候。外戚掌兵權除了對之有所防備之心外，主要還是如高宗所言，外戚若任軍旅之事，「萬一有過，治之則傷恩，釋之則廢法。如太后家子弟，但加以爵祿奉祠而已。」[26]

　　什麼是外戚掌握兵權的特殊情況呢？北宋初年太祖建國，當時天下未完全統一，尚須有能力的軍事將領率軍平定各地，宋代后妃及主婿多選自功臣尤其是武將之家，故武將中不乏外戚者。[27]太宗時又欲平北漢以致於收回燕雲十六州，和契丹又有幾次交戰，故外戚武將仍在北宋初年仍有其一定地位，下節進一步探究他們的影響。

第三節　宋初的外戚：武將集團

　　宋初天下初定，襄助太祖、太宗的後周武將，建國後成了手握兵

25　李心傳：《建炎以來朝野雜記》甲集卷12〈外戚節度使〉，頁239。

26　李心傳：《建炎以來繫年要錄》卷170紹興五年十二月甲申，頁2788。

27　見何冠環：〈宋太祖朝的外戚武將〉，《漆俠先生紀念文集》（保定市：河北大學出版社，2002年），頁309-319。

權的將領，這些開國功臣，早在後周時就與太祖、太宗關係匪淺，並與皇室通婚，擁有外戚身分。建國後，為防開國功臣功高震主，太祖以杯酒釋兵權，解除義社十兄弟石守信、王審琦等人的兵權，條件是以散官就第、並給予豐厚的賞賜與結為兒女親家，因此婚姻也成為宋初帝王籠絡武臣的重要手段。[28]

北宋初年的外戚最顯貴者為杜太后家族，包括太祖母舅杜審琦、杜審瓊、杜審肇、杜審進及其子孫。杜太后有五個兄弟，審玉、審琦早死，審瓊與審進兩位是杜家較名聲較顯者。審瓊原為文官，授檢校國子祭酒，後改授武資，拜左領軍衛將軍。在乾德初年，領富州刺史，三年以本官權判右金吾街仗事。據史料載，審瓊行事畏慎，宿衛勤謹，任職地方時里閈清肅，「人皆稱之」。[29]審肇起家授左武衛上將軍，領灤州刺史，開寶三年起為右驍衛上將軍，出知澶州，太祖以審肇未曾歷郡務，恐怕他政務不熟悉，又命姚恕通判州事，用以輔佐，但不久澶州河患，民田罹水害，審肇未立即上言，被太祖免官，姚恕更是棄市以懲。審進起家授右神武大將軍，領賀州刺史，後出知陝州。太宗即位後親征河東，審進要求出征，太宗以其年邁不許，後留之警巡，都邑肅然，其年加檢校太師，端拱元年，太宗加之開府儀同三司。審進在陝州二十餘年，在地方上頗有政績，居高位但無驕矜之色，有醇厚的美稱。

杜家的第二代有彥圭（審瓊子）、彥鈞（審進子）兩人在宋史入〈外戚傳〉。由於出身背景之故，初任官均受重用，杜彥圭起家六宅副使，後改領信州刺史、饒州團練使，太宗時從征太原及伐遼，但因在歧溝關一戰以「不容軍士哺食，設軍不整」，以致兵士亡失而論

---

28 何冠環：〈宋初三朝武將的量化分析〉，《食貨月刊》16卷3期（1986年12月），頁115-127。

29 《宋史》卷463〈杜審進傳〉，頁13537。

罪。彥鈞在太宗時任莊宅使、領羅州刺史、恩州防禦使，真宗改領潁州防禦使，出知河中府，歷知邠、慶、延、鳳四州，澶州之戰他任御駕前部署並擊走契丹人，受到嘉勉與加封邑。史料曾載杜彥鈞「以戚里進，保位而已」，在地方任官被人上言「政事不舉」，徙西京巡檢使。第三代有杜守元（彥圭子），太祖時補左班殿直，後遷供奉官、莫州監軍，太宗至道三年領梧州刺史，他的戰功主要在太祖時契丹入邊，他與州將固守並主動邀擊，獲牲口羊馬，而以功加崇儀副使。第四代有杜惟序（守元子），初任三班奉職，累遷知惠州、莫州，以供備庫使為梓夔路鈐，後改知邠州、雄州、滄州及定州等地，幾乎都是近宋遼邊境的國防重地。[30]

由杜家事蹟來看，第一代的杜審瓊、審進都出任地方州官，也都是宋遼邊境要地，二人也都能克盡職守，謹守本分，未有逾越之事。審肇在知澶州期間，因地方政務較不熟悉，太祖派姚恕任通判州事，藉以輔佐，可見對母舅的愛護，其後民田水患，審肇處理不當，讓姚恕成了代罪羔羊，此外審肇並未有其他顯著的事蹟。第二代的彥圭、彥鈞皆任武官，太宗從征時還把彥圭帶在身邊，但杜家的第二代及其後代雖任武職，但在軍功上並沒有太過卓越的表現。

太祖、太宗的后族外戚，賀氏、王氏、宋氏（以上太祖）、符氏、李氏（以上太宗）家族，都是出身功臣集團的武將家族。

太祖賀皇后是賀景思長女，賀景思曾與太祖父親趙宏殷為後周護聖營的同僚，因此結為親家。賀皇后在後晉時與太祖結縭，並生下昭慶公主（魏國大長公主）、延慶公主（魯國大長公主）與魏王德昭三人，可惜賀皇后未等到太祖成就大業，就以三十之齡謝世。[31]北宋建

---

30 《宋史》卷463〈杜彥圭傳〉、〈杜彥鈞傳〉、〈杜守元傳〉、〈杜惟序傳〉，頁13538-13539。

31 《宋史》卷242〈賀皇后傳〉，頁8607。

國後，賀家賀懷浦、賀令圖父子有史籍記載。賀懷浦（？-986）是太祖孝惠皇后的兄長，賀懷浦在太祖時任殿前軍的散員指揮使，並未受到重用。其子賀令圖（948-986?）受太宗倚重，「握兵邊境十餘年」，嘗言邊塞利害，宜趁契丹內部不穩，大將韓德讓寵幸用事之際，乘勢取下幽薊，[32]太宗信之，因而率軍北征，可見賀令圖受信用的程度。此次戰役兵分三路，最後在涿州西南四十里附近歧溝關為遼軍大敗，宋史說他「貪功生事，輕而無謀」。最後賀家父子都死在戰場上，賀懷浦在雍熙三年（986）七月陳家谷之役陣亡，[33]賀令圖因父戰死，以恩恤遷六宅使，領本州團練使。宋兵在歧溝關慘敗後，他奉命在瀛州屯兵，同年十二月遼兵入寇，賀令圖誤中遼將的陷阱而兵敗被俘殺。[34]賀氏家族在賀氏父子之後，並沒有特別顯貴者，賀令圖有玄孫賀鑄（1052-1125）曾任泗州、太平州通判，以詩作聞名。[35]

　　太祖的第二任王皇后為王饒第三女，事杜太后得歡心，以二十二歲之齡早逝，生子女三人皆早夭，但因深得太祖的喜愛，在愛屋及烏下，其弟王繼勳亦因后故而受到看重。王繼勳少年以美風儀著稱，但個性無賴常行不法為人詬病。太祖極看重他，建隆三年（962）因龍捷左廂都指揮使馬全義卒，禁軍將領出缺，太祖命只有二十多歲的他繼任，並兼永州防禦使，乾德元年（963）因太祖平南方，王繼勳加彭州防禦使，成為禁軍的高級將領。由於王繼勳在招募雄武軍時，縱容所屬將士掠人子女，又在乾德四年（967）被部曲所訟，但太祖都對

---

32 李燾《長編》卷27雍熙三年正月戊寅條，頁602。時賀令圖知雄州，同時上言者還有其父賀懷浦、文思使薛繼昭、軍器庫使劉文裕、崇儀副使候莫、陳利用等人，太宗以令圖等言為然，始有意北伐。

33 關於賀懷浦、賀令圖的事蹟，可見《宋史》卷463〈外戚傳〉，頁13540-13541。《長編》卷27雍熙三年十二月乙未，頁618。《宋會要輯稿》兵志7之33，8之1。

34 《宋史》卷463〈賀令圖傳〉，頁13540。《宋會要輯稿》兵志8之7，頁6876下。

35 見賀鑄：《慶湖遺老詩集》，文淵閣四庫全書本。

他置之不問，只解除他的兵柄，保留彰國軍留后的官職。王繼勳被罷職後，反而常在家以臠割奴婢為樂，後被削奪官爵，最後配流登州。

王繼勳沒有任何戰績，完全憑藉太祖的支持才掌握禁軍，太祖建國之初，勢必需要自己的親信來執掌禁軍，以衛戍京師的安全，這也是他被拔擢的原因。何冠環提出的另一個角度是，太祖扶助王繼勳是為了制衡太宗在禁軍的勢力，以免太宗勢力過度膨脹，威脅到他的地位。[36]可惜王繼勳實在無才無能，太祖只好派出年邁的舅父杜審瓊代之。[37]

太祖的第三任宋皇后，父為宋偓，他在五代時就是有名的武將，他也是後唐莊宗的外孫，後漢高祖的女婿，以善射與水戰著名。宋偓與諸子在太祖時都沒有受到重用。太宗繼位後，雖與宋皇后關係不佳，但反而對宋偓有所任用。宋偓被加為使相，並出守北邊重鎮定州，宋偓也參加平北漢及征幽州的戰役，太宗親征時隨行，最後出守滄州、同州及霸州等重鎮。[38]

宋偓的兒子有元靖、元度、元載、元亨、元翰，但才能平平，只能依父恩補低階的官職（見附錄表一史籍所見之宋代外戚），在真宗時宋偓幼子元翰還曾因家族財產分配的問題求助官府，宋偓之後子孫並沒有在政治上有更多表現。

太宗尹皇后，滁州刺史尹廷勛之女。在後周時成親，早薨。兄長崇珂，任淄州刺史，曾在太祖時征南漢叛亂有軍功，卒贈侍中。尹崇珂有子昭吉、昭輯二人，也都以恩補官，沒有太多事蹟。

太宗符皇后，魏王符彥卿六女，與太宗在後周時結縭。符彥卿子孫在宋廷數代為官，以軍功起家，亦多與趙氏宗室聯姻（如符承諒娶

---

36 何冠環：〈宋太祖朝的外戚武將〉，頁315。

37 李燾：《長編》，卷6乾德三年十一月庚午條，頁104。

38 《宋史》卷255〈宋偓傳〉，頁8905-8907。

齊王女嘉興縣主，符世表娶神宗堂姐），[39]在太宗、真宗時也一直備受重用。

符彥卿之父為存審，是後唐莊宗的猛將，彥卿更以勇略有謀、善用兵知名，在五代後周即受重用，周世宗的兩個皇后都是符彥卿的女兒，[40]可見其顯貴，但因為符彥節尚具有前朝外戚身分，在太祖時頗受疑忌，未獲重用。宋初任天雄節度使，加守太師，後開寶二年任鳳翔節度使。性格謙恭下士，退休後對賓客終日談笑，但不自矜戰功，也不談及政事。[41]

彥卿有三子，長子昭信在後周顯德初卒，餘兩子昭愿和昭壽在太宗時受到重用。太平興國四年（979）征北漢，符昭愿與其他重要將領一同隨行，受命輔佐宋偓進攻幽州。[42]符昭壽則參與雍熙三年（986）攻遼之役。[43]然而符昭愿和昭壽雖領軍出戰，但沒有什麼特別的功績。[44]符彥卿孫符承訓，曾孫符惟忠也分別在真、仁宗朝受到重用。符承訓和寇瑊支援王懷信，不定西南猺兵。後來他以地方上治河

---

39 見《宋史》卷251〈符彥卿傳〉，頁8842。〈符世表妻趙氏墓誌銘〉，《北京圖書館藏中國歷代石刻拓片匯編》（鄭州市：中州古籍出版社，1989年），頁105。

40 可見趙雨樂：〈五代的后妃與政治〉，收於盧向前編：《唐宋變革論》（合肥市：黃山書社，2006年），頁345-357。符皇后是被郭威收為養女，初嫁李崇訓，再嫁周世宗，周世宗在她病死後，再娶其妹，也就是後來的周太后，她在太宗初年入道為尼。另可見王稱：《東都事略》，卷19〈符彥卿傳〉，頁336。

41 《宋史》卷251〈符彥卿傳〉，頁8840。

42 《宋史》卷251〈符昭愿傳〉，頁8841；卷255〈宋偓傳〉，頁8907。

43 《宋史》卷251〈符昭壽傳〉，頁8842。

44 有關符氏的事蹟，可見胡坤：〈符氏家族與宋初政治〉，收於姜錫東，李華瑞編：《宋史研究論叢》（保定市：河北大學出版社，2005年），頁1-18。楊果：〈從戰將到庸夫的符彥卿〉，收於朱雷主編：《外戚傳》（鄭州市：河南出版社，1992年），頁84-98。何冠環：〈北宋外戚將門陳州宛丘符氏考論〉，《中國文化研究所學報》（香港，2007年），頁13-49。張普荐：〈北宋初年將門現象探析——以符氏將門家族的發展為例〉，《史學彙刊》23期（1999年），頁115-139。

知名，當時北宋漕運惠民河有決溢問題，常擾民田為害，符惟忠利用地形優勢，減弱河道流經的水勢，解決水患問題。[45]仁宗時，西夏侵邊，戰事紛擾，而慶曆二年（1042）西夏之戰中，富弼任回謝契丹國信使，以西上閤門使副之，可惜在出使途中，符惟忠以疽發於背而卒，[46]追贈客省使、眉州防禦使、左屯衛上將軍。以符惟忠的從政歷程來看，他與符氏家族軍功為主的發展已有不同，從小愛讀書，與文臣韓琦、富弼等人相交，又有治河的才幹，可說符氏已漸漸脫離武將集團的色彩。

太宗李皇后也是出身武將家族，父親為李處耘（920-966），五代時為勇猛武將，他被周世宗調任於太祖帳下，補都押衙，就此成為太祖的親信，陳橋兵變就是他與太宗、王彥昇、馬仁瑀、李漢超等人共謀。在〈李繼隆墓誌銘〉曾說，處耘「國初佐命，功居第一」，[47]墓誌銘所言雖有些過譽，但李處耘的確功績顯著，極得太祖信任。他曾知揚州，奏減城中居民屋稅，得民愛戴，建隆三年（962），詔歸京師，老幼遮道涕泣，累日不得去，可見其能力亦相當不錯。後拜宣徽南院使兼樞密副使，相當於副相之職，乾德四年（966）卒。太祖追念他，其後為太宗娶其次女為繼室，即日後明德李皇后。

在李處耘之後，以長子李繼隆最為榮顯。初以父故蔭補供奉官，曾隨太祖南征，領三百戍邵州，但遇數千人對陣，繼隆還是力戰到底，致使手足皆中毒箭，後得藥痊癒，自然獲得太祖的器重。其後征吳，又為流矢所傷，此次他僥倖未有大礙，江南平後，他以功遷莊宅副使，改御營前後巡檢使。太宗征討北漢，李繼隆也隨戰，與李漢瓊

---

45 《宋史》卷251〈符惟忠傳〉，頁13555。

46 見《宋會要輯稿》儀制13之5，頁2037。《長編》卷135，頁3234。

47 楊億：〈李繼隆墓誌銘〉，《武夷新集》（臺北市：臺灣商務印書館，1968年四庫全書本）卷10，頁19。

領梯衝地道攻城西面，他的隨從及僕人戰死，他仍督戰無怠。討幽州
與郭守文為先鋒，破敵數千。從曹彬征幽州，率兵破契丹數千於固
安，又下固安、新城，進克涿州，並得契丹貴臣一人，繼隆在此役左
股中箭，此戰宋軍大敗，唯有李繼隆這一支率殘部而還。楊億〈李繼
隆墓誌銘〉雖未有記載李郭二人破敵數千之事，[48]或許是宋史記載較
為誇張，但李繼隆在太宗幾次戰役中都能驍勇以對，立下戰功，也
讓他官職能青雲直上。

何冠環指出，太宗比太祖更喜歡任用外戚武將，「用人惟親」是
他用人的基本原則。[49]然而，不能否認的是，李繼隆除了外戚身分之
外，他在戰役曾屢次受傷，儘管不見得都能得勝而還（實際上在討幽
州高梁河此役，也只有李繼隆與郭守文殘部還師，其餘軍隊幾乎潰
敗），卻給人一種驍勇的印象。李繼隆歷任靜難軍節度使、河西行營
都部署，真宗即位，改領鎮安軍節度、檢校太傅，加同中書門下平章
事，解兵權歸本鎮，並加開府儀同三司。[50]

李繼隆弟繼和，以蔭補供奉官，三遷洛苑使。淳化後，繼隆戍
邊，繼和也從行。他曾任鎮戎軍知軍、平州刺史兼涇、原、儀、渭州
鈐轄。真宗對繼和精心戎事多所嘉獎，歷任并、代州鈐轄，殿前都虞
候及端州防禦使，並在遼人南下澶州時受詔領兵躡敵後。其人好談方

---

48 楊億：〈李繼隆墓誌銘〉，《武夷新集》卷10，頁19。郭守文墓誌銘亦未載，見王禹
　偁：〈宣徽南院使鎮州都部署郭公墓誌銘並序〉，《小畜集》（臺北市：臺灣商務印書
　館，1968年四庫全書本）卷28，頁11。

49 何冠環：《攀龍附鳳——北宋潞州上黨李氏外戚將門研究》（香港：中華書局，2013
　年），頁98。何冠環認為，太宗對外戚的任用態度，因關係親疏和信任程度有所分
　別。頁102。

50 《宋史》卷257〈李繼隆傳〉，頁8963-8969。李繼隆雖任節度使，但並非只是有榮銜
　沒有實權，他戍邊不但擁有軍隊號令權，尚可便宜行事：至道二年秋，繼隆以便宜
　發兵，與丁罕行十餘日討西夏，未成，士卒困乏。

略，知書，但對部下過於嚴厲以致杖罰過當，時人多有怨。[51]

太祖、太宗兩朝的駙馬，除了王貽永乃太師王溥之子外，也幾乎都是武將集團出身。可謂落實「結兩姓之好」的婚姻模式。

太祖同母妹秦國大長公主，先嫁米福德早卒，再嫁高懷德，高懷德為後周禁軍將領，與太祖關係不在話下，後位至使相。太祖六女，三女早亡，魏國大長公主嫁王承衍（王審琦子），承衍其實當時已娶妻樂氏，太祖竟然將樂氏改嫁，讓承衍改娶公主。[52]魯國大長公主嫁石保吉（石守信子），亦位至使相，但石保吉性驕倨，所至「峻暴好殺，待屬吏不以禮」，又被李沆批評「因緣戚里，無攻戰之勞」。[53]陳國大長公主嫁魏咸信（魏仁浦子）。太宗七女，二女出家，一女早亡，徐國大長公主嫁吳元扆（太祖朝樞密使、永興軍節度使吳延祚次子），揚國大長公主嫁柴宗慶，雍國大長公主嫁王貽永（王溥之子），荊國大長公主嫁李遵勗，這些駙馬家族都是後周至宋初的重臣。又如李謙溥與弟謙昇與太祖是布衣時的好友，太祖為許王娶謙昇之女。[54]他們並非是因為外戚的身分才受到重用，相反的是因為角色重要，為加強與皇室的合作與信任，皇室才將兒女婚姻視為籠絡朝臣的一種手段。

太祖和太宗本身就出身於後周禁軍將領，與同為武將身分的義社十兄弟的兒女們互為婚姻，而公主婚配的選擇也傾向於在開國功臣家族當中尋找，產生以政治婚姻穩固雙方關係的現象。而這些功臣家族的武將們，在宋初尚未統一與雄踞北方的契丹的形勢下，能夠發揮軍

---

51 《宋史》卷257〈李繼和傳〉，頁8973-8974。

52 邵伯溫：《邵氏聞見錄》，收入《唐宋史料筆記叢刊》（北京市：中華書局，1997年12月）卷第一，頁6。

53 《宋史》卷250〈石保吉傳〉，頁8812-8814；卷282〈李沆傳〉，頁9538。

54 《宋史》卷273〈李謙溥傳〉，頁9339。

事才能與武藝,受到太宗的重用。太宗信用外戚武將,以之作為從征北方的隨從,又以之戍守宋遼邊境,是因當時的形勢需要,與開國功臣的互信基礎。外戚武將中像李繼隆戰績彪柄,自然能促進自身家族地位之榮顯,位居三公之職,在當時政局的需要下,外戚武將的身分並未受到質疑,甚至因為他們與皇帝的關係,反而更受到信任。

只是戰役中能真正打勝仗的武將不多,在太宗統一天下,重視文治,真宗與遼訂定澶淵之盟,雙方維持大致和平的關係,對武將需求已不如之前迫切,因此執政外戚的任用也有著由武轉文的趨勢,真、仁宗以後,帝王后妃與駙馬的選擇,以文入選或文臣家族出身者增加,外戚的授官雖為武資,但也多習文,喜作文章,劉后想為馬季良改授文資,卻引發台諫的反對,認為不合祖制而作罷,或可說明外戚任官的限制。[55]

---

55 《宋史》卷463〈馬季良傳〉,頁11552。

第三章
皇權、台諫與執政外戚

第一節　皇權之下

　　執政外戚的任用或重用，是與朝廷政策與皇帝的需求有極大的關係。以前章討論可知，宋初外戚多數為開國功臣子孫，也成為趙宋王室初建的助力與屏障。太祖對於這些功臣勳舊子弟的任用較為謹慎，在釋兵權後給予他們高官厚祿，並允與之為兒女親家。外戚除了少數因有軍功外，大多初任官都為蔭補。資蔭出身者，太祖曾詔，凡以資蔭出身者，皆先使之監當場務，未得親民。[1]張邦煒也以此條資料認為外戚不當親民官，是宋代的成法。不過，觀察宋初的情形，資蔭出身者任親民官的還是很多，而且並不具備有監當場務的經歷。如杜審進、杜彥圭、杜惟序、賀令圖、劉知信、劉承宗（劉知信子）等皆是，他們擔任地方官除了少數尚稱謹慎安分，大部分幾無特出政績，（如杜彥鈞「政事不舉」）甚至像王繼勳「分司西京，殘暴愈甚，死婢百餘人」，[2]符昭愿在梓州「驕僭不法」，[3]劉知信「坐遣親信市竹木於秦、隴」，[4]可說御下不嚴，談不上是適任的親民官。

1　司馬光：《涑水紀聞》，收入《唐宋史料筆記叢刊》（北京市：中華書局，1997年12月）卷一，頁19-20。

2　《宋史》卷463〈王繼勳傳〉，頁13542。

3　陳舜封：〈符昭愿墓誌銘〉，《北京圖書館藏中國歷代石刻拓片匯編》（鄭州市：中州古籍出版社，1989年），頁601。

4　《宋史》卷463〈劉知信傳〉，頁13543。

太宗對外戚的態度又有不同，主要是與北漢與契丹的戰爭，太宗需要能領兵作戰的武將，尤其是武將出身的外戚，與皇族有親，當然更能得到太宗的信任。在征北漢、北伐契丹的三次戰爭，外戚們都有任務與工作分配，可說是以外戚武將為主戰力，如高懷德（娶太祖太宗妹秦國大長公主）、賀令圖（太宗賀皇后兄）、符彥卿、李繼隆等人。[5]賀懷浦父子與太宗從征，賀令圖更是「握兵邊境十餘年」，嘗言邊塞利害，宜趁契丹內部不穩，大將韓德讓寵幸用事之際，乘勢取下幽薊，[6]太宗信之，因而率軍北征，此次戰役兵分三路，最後在涿州西南四十里附近歧溝關為遼軍大敗，宋史說他「貪功生事，輕而無謀」。歧溝關一戰後，太宗對九名將領論罪，其中杜彥圭被重貶為歸州團練副使，並在同年死於貶所。

太平興國四年（979）征北漢，符昭愿與其他重要將領一同隨行，受命輔佐宋偓進攻幽州。[7]符昭壽則參與雍熙三年（986）攻遼之役，與劉知信護鎮州屯兵，歷任光州刺史、鳳州團練使、益州鈐轄。因出身權貴，簡倨自恣，常日夜遊宴，不理戎務。咸平三年神衛卒趙延順等八人兵變，執昭壽殺之，並據甲仗庫，取兵器，其後討平。[8]符皇后早逝，符氏家族的地位有賴符存審、符彥卿的顯赫戰功維持。

只是這些戰役敗多勝少，未能讓地位已相當貴顯的外戚有更上一層樓的機會，反而有的喪失性命（賀懷浦、賀令圖），有的受到責罰（杜彥圭）。澶淵之盟訂定後，宋遼間維持大致和平的關係，功臣家族的子孫也因沒有顯赫戰功或特殊才能，無法維持對朝廷的影響力。

---

5 何冠環：《北宋武將研究》（北京市：中華書局，2003年），頁63-86。

6 《長編》卷27雍熙三年正月戊寅條，頁602。時賀令圖知雄州，同時上言者還有其父賀懷浦、文思使薛繼昭、軍器庫使劉文裕、崇儀副使候莫、陳利用等人，太宗以令圖等言為然，始有意北伐。

7 《宋史》卷251〈符昭愿傳〉，頁8841；卷255〈宋偓傳〉，頁8907。

8 《宋史》卷251〈符昭壽傳〉，頁8842。

　　以皇權的角度，外戚的任用是必須有相當的考量的。它不但要避開台諫對祖宗之法與歷史經驗的監督，也必須提防外戚在內政的發展上的負面作用。

　　在真、仁宗以後，可以發現后妃與駙馬家族的選擇，已和宋初的情形略有不同，功臣集團雖然還是聯姻的選項之一，但文臣的地位上升，與文臣家族聯姻的趨勢則大為明顯。不過，宋代的后妃家族在真宗以後，除了曹氏家族以外，其出身都非貴顯，像真宗劉皇后，或屬於中等官員的家庭，如徽宗王皇后（父為德州刺史王藻），文官家庭如神宗向皇后、徽宗鄭皇后（父為任館職的鄭紳，後以鄭后故，被封為樂平郡王）等。

　　神宗向皇后（1046-1101）是真宗時宰相向敏中（949-1020）曾孫女，祖父為傳亮，任駕部員外郎，均為文官。父為向經，定國軍留後，向后在徽宗即位時有處分軍國事之權，因此向宗良、宗回均受重用，向敏中等人也都追列王爵。[9]向皇后的父祖雖出身文官家族，但除曾祖向敏中外，並非高官。

　　真宗章獻劉皇后（968-1033）應該是在北宋皇后當中，出身最為低微，但卻是最有權力的皇后之一。自稱出身太原劉氏，祖父是五代時期的武將劉延慶，父親為宋初嘉州刺史劉通，不過史家都認為此乃劉氏為掩人耳目所假託的。劉娥因善擊撥浪鼓，隨蜀人龔美入京師（劉氏有可能是龔美的侍妾）龔美後來將劉氏送給當時為襄王的真宗，受到寵愛，還曾被太宗反對，趙恆只好將劉氏置王宮指使張耆家，等到即位後才接入宮。原來的龔美也成為劉美，搖身一變為劉后的兄弟，劉美一家也就由普通的商人成為外戚家族。[10]

9　《宋史》卷243〈向皇后傳〉，頁8630。

10　可參見《宋史》卷242〈劉皇后傳〉，頁8612-8613；卷463〈劉美傳〉，頁13548-13549。關於劉皇后的攝政期間的政治作為，像是利用宦官、外戚調整原來的官僚

由於劉后在真宗駕崩後擁有「軍國重事，權取處分」以垂簾聽事之權，因此為援引家族勢力，劉及其子從德、從廣，甚至是劉美女婿馬季良都受到優寵。劉美尚能自持，領勤州刺史時，與其他同僚也能保持不阿附的關係，官聲不錯。真宗曾經想讓劉美領軍，但劉后阻止而未能實現。

劉美二子劉從德和劉從廣也受到章獻劉后的提拔，劉從德由殿直遷供備庫使，太后臨朝時他又以崇儀使拜恩州刺史，又遷團練使，改知衛州、相州，那時他還不到廿四歲。劉從德年紀輕輕即出任外官，本身沒有才幹，只是因為劉后的關係，甚至衛州縣吏李熙輔「善事從德」，他就被擢升為京官。劉從廣初任西頭供奉官遷內殿崇班，年少時即任仁宗侍從，劉后待他如家人，他任滁州防禦使十年不遷，自請補外，知洺州，雖無特別政績，但與士人關係不錯，他也自知進退，無驕矜之色。劉美女婿馬季良是茶商出身，補越州上虞尉，後改秘書省校書郎，知明州鄞縣，後入為刑部詳覆官，太后臨朝後遷光祿寺丞，判太常禮院，擢龍圖閣待制等官。劉后要升他做龍圖閣待制時，被大臣以外戚任閣制，「非故事也」的理由反對，因此改授武資，出為安撫使。在劉后死後，御史中丞范諷說他僥倖得官，被降為屯衛將軍，滁州安置。宋史記載他因緣以進，無他行能，說他是依憑劉后的裙帶關係而升官，本身沒有才能。[11]

劉后在劉從德死時，大舉擢任其門人及僮隸數十人，包括從德弟婿馬季良、母兄錢惟演之子錢曖、呂蒙正（岳父）皆遷兩官，當時曾被御史諫止，並未勸阻劉后的行為。不過，劉后提拔的外戚，除了錢惟演外，都沒有位極執政，反能彰顯皇恩浩蕩，對於朝政影響不大。

系統，劉靜貞著墨甚多，見氏著《皇帝和他們的權力：北宋前期》（臺北市：稻鄉
　　出版社，1996年4月）第四章，頁163-177。
11 《宋史》卷463〈劉從德傳〉〈劉從廣傳〉，頁13550-13551；〈馬季良傳〉，頁13551。

　　錢惟演（962-1034）是吳越王錢俶之子，後隨父錢俶降宋，成為宋廷重臣。他雖以蔭補出身，但博學能文辭，真宗時拜兵部尚書，後任樞密副使。出身於吳越世家的錢惟演與其他錢氏族人不同，他文采佳，領文壇風騷，以西崑體知名。在仕途上也有強烈的企圖心，錢並將家族婚姻當成是政治上的一種策略，他將妹妹嫁給真宗劉皇后的假兄劉美為繼室，劉后出身貧寒，自然也想拉攏錢氏，以提升自身地位。他又將女兒嫁給丁謂之子，但因丁謂身敗名裂，錢惟演也捲入政爭，受到牽累。時任樞密使的他，才任四個月，丞相馮拯一向與錢不合，惡其為人，進言：「惟演以妹妻劉美，乃太后姻家，不可與機政，請出之。」仁宗乾興元年（1022）十一月，擔任了四個月樞密使的錢便被解職，即日改保大軍節度使、知河陽。[12]其後錢惟演還想入朝但都沒有成功。

　　錢惟演兼有降臣與南方文士的身分，原本是宋統治者所疑忌的對象，其父錢俶在太宗端拱元年（988）暴亡，更令南方降臣頗有餘悸。錢惟演為自己的政治生涯打算，便以婚姻作為籌碼，恰逢當時劉后也想要提升自家地位，欲提拔他為樞密副使，當時並沒有太多人著墨他的外戚身分，而在四個月後，馮拯才提出反對，更令人覺得此地無銀。外戚身分似乎只是一個落人口實的理由。

　　錢惟演可說是北宋時一位極擅長以婚姻網絡提升政治地位的大臣，除了他妹妹嫁劉美，女兒嫁丁謂子外，其子錢曖娶仁宗郭皇后妹，錢晦娶獻穆大長公主之女，孫景臻則尚秦、魯國大長公主，但反而算計太多，遭人厭惡，錢惟演雖然在文學上頗有文名，但其實一直沒有進入北宋文人的主流圈，他的南方降臣身分，急功近利又不擅於掩飾的性格，讓他無法得意於仕途。

12　《宋史》卷317〈錢惟演傳〉，頁10341。

　　駙馬的選擇則有明顯的由武轉文的趨勢。仁宗有十三女,九女早亡,餘四女分別是周國、魯國、兗國與魏國大長公主,分別下嫁給李瑋、錢景臻、曹詩、郭獻卿四位駙馬。李瑋是李太后兄子,兩人結婚是仁宗有意照顧親娘的家族使然,李瑋個性樸陋,與公主感情一直不和諧,公主死後還曾因奉主無狀被貶陳州。郭獻卿是功臣家族出身。錢景臻是吳越王錢俶曾孫錢惟演之孫,其子錢忱也在朝廷任官。曹詩則是曹彬家族出身,他與錢景臻都符合仁宗選婿「勳賢之後有福者」的標準。

　　英宗四女,一女早亡,三女楚國、魏國及韓國大長公主分別下嫁王師約、王詵及張敦禮。三人皆初任左衛將軍、駙馬都尉。王師約為王審琦的玄孫,亦即王承衍之曾孫,雖然是功臣家族,但自小習進士,頗有文采。當時英宗想為公主求儒生作女婿,要王師約帶著自己寫的文章去備選,因文采不錯才被選為駙馬。[13]魏國大長公主好讀書,其夫婿則是以書畫著稱的王詵。[14]婚後公主健康一直不佳,王詵不僅未予照顧,又蓄有多名姜侍,曾因此事遭貶官。姜侍也曾數次頂撞公主,公主死後,神宗將王詵貶於均州。[15]張敦禮也是以文章知名而被選為駙馬。他在元祐初進言對司馬光等舊黨的支持,章惇當政時曾責授之並勒令朝參。其後在徽宗時受到重用,任和州防禦使、寧遠軍節度使,諫官王能甫認為重用敦禮與節鉞,有傷徽宗紹述之志,乃奪節,仍任集慶軍留後,在大觀初又復節度使之職。[16]

　　神宗十女,六女皆早薨。周國長公主十二歲卒。唐國長公主嫁韓琦之子嘉彥,任駙馬都尉,終瀛海軍承宣使。[17]當時神宗念韓琦功

13　《宋史》卷250〈王師約傳〉,頁8820。

14　王詵有幾幅畫作傳世。如〈煙江疊嶂卷〉(繪於元祐三年),今藏於上海博物館。

15　《宋史》卷248〈魏國大長公主傳〉,頁8779。

16　《宋史》卷464〈張敦禮傳〉,頁13582。

17　《宋史》卷312〈韓嘉彥傳〉,頁10230。

德，有意與之聯姻，哲宗緣先帝意而成此事。潭國長公主下嫁王遇，王遇事蹟不詳。徐國長公主嫁開國功臣潘美之曾孫潘意。[18]

　　哲宗四女，兩女早亡，餘陳國長公主和秦國康懿長公主分別下嫁石端禮和潘正夫。石端禮為西京左藏庫副使石澈之子，潘正夫為右侍禁潘絳之子，為進士。兩人雖然家世並無特別顯赫，但潘正夫為進士，也算能符合以文入選的標準。

　　由兩宋駙馬選任的標準來看，表面上以開國功臣的武將出身者居多，（北宋公主共28人，有16位駙馬為此出身）。但細看其被選原因，出身只是代表他有「備選資格」，仁宗以後，以武將為主的功臣集團的政治影響力式微，駙馬的個人條件（文采）才是他們被選的原因，像錢景臻、王師約和王詵皆因其文采而被選。因此，宋初駙馬以開國功臣後代子孫為主，且多數繼承武將家族將率之才，仁、英宗以後文臣家族也可備選，而且相當注重備選駙馬的文采才能，這種以武轉文的趨勢是很明顯的。此外，親上加親也是尚公主的考慮，王承衍尚秦國賢肅大長公主（即太祖女，原封魏國大長公主），曾孫王師約又尚英宗女楚國大長公主。子王殖又被選尚惠國公主。父子相繼者唯王氏一門。[19]李瑋、楊鎮也是因為皇帝或皇后的親戚關係被選為駙馬。換言之，駙馬的出身背景雖然還是會考量，但宋代相較於唐代，比較不重門第或世家出身，中等官吏的子弟，只要具備文才者也有可能被選任駙馬。

---

18 《宋史》卷248〈公主傳〉，頁8780。

19 江少虞：《皇朝事實類苑》（臺北市：源流出版社，1982年），卷二四〈世代尚主〉，頁627-628。又見王闢之：《澠水燕談錄》（北京市：中華書局，1997年），卷一〈帝德〉，頁4；同書卷九〈雜錄〉，頁117。

第二節　輿論與台諫：祖宗之法

　　外戚在傳統史家的眼中，是一個必須杜絕干政問題的對象，然而在皇帝的不同考量下，或許由於寵愛的后妃而有愛屋及烏的心情，或許想引進自己親信的人馬，或許基於皇帝個人對該名執政外戚的欣賞，想要賦予重任時，官僚系統會對此有何回應？他們如何面對執政或準執政外戚？

　　我們先以仁宗朝的執政外戚王貽永與張堯佐來看當時引發的紛爭。

　　王貽永（生卒不詳）為王溥之孫，王溥在後周時任相，宋太祖對他推重有加，封他為太師，曾對左右說：「王溥十年作相，三遷一品，福履之盛，近世未見其比。」[20]可見其恩寵。他有子貽孫、貽正、貽慶、貽序四人，貽正至國子博士，貽慶比部郎中，貽序為進士。王貽永就是王貽正的兒子，原名克明的他，因娶太宗的公主，被改名為貽永，按照規定他必須提高與父親同輩分，因此為貽字輩。

　　王貽永的舅舅是魏咸信，也是駙馬，王貽永雖然尚主，但雍國鄭國公主在大婚的隔年（景德元年，1004）就已過世，[21]雖無法得知公主的年紀，但據宋人婚齡推算，應不到二十歲，兩人沒有子嗣。公主早卒，自然無法為王貽永提供後援，他自己也求外補，而知單州，真宗特別告誡他：「和眾靜治，卿所當先也。」[22]他至單州後也能做到恪守本分，後改知成德軍，於成德軍任內奏治曹汭之變，[23]並知鄆州時，築東西道三十餘里，解決交通運輸的問題，頗得好評。在回到中

20　《宋史》卷249〈王溥傳〉，頁8800。

21　《宋史》卷248〈公主傳〉，頁8774。

22　《宋史》卷464〈王貽永傳〉，頁13561。

23　曹汭為曹利用從子，時任趙州兵馬監押，為人告不法事。事見《宋史》卷290〈曹利用傳〉，頁9708。

央之後，在樞院共計待了十五年，仁宗皇祐二年（1049）八月壬戌拜樞密使、保寧節度使、同平章事兼侍中，王貽永生年不詳，但以他咸平六年（1003）娶妻的年歲來推斷，王貽永拜相之時，至少也有六十歲以上，以他在地方與中央的任官經歷，擔任樞密使之職是綽綽有餘，因此這可能是他以德高望重之尊拜相，而沒有受到百官反對的原因。

王貽永在樞院的表現並不突出，宋史講得隱晦，說他遠權勢，意思是說他遠離權力核心，在樞密院十五年無過失，人稱其謙靜，由史料來印證確為如此。

與王貽永形成對比的例子是王師約（1044-1102），係王審琦玄孫、同為尚主的王承衍之曾孫。雖父祖是武將出身，但王師約及其父親王克臣均業進士。當時英宗欲選儒生為女婿，因此王師約在宰相宅第，獻賦一編，即以中賦《大人繼明詩》，遂賜對，選為駙馬都尉，尚公主。王師約其實是文官，但是駙馬身分特殊，僅能授武職，因此在元符三年（1100）八月時，宣仁后臨朝，王師約屢次上疏言事，表現積極，被授樞密院都承旨的官職，結果就遭到陳瓘的反對：

> 臣伏見駙馬都尉王師約，近除樞密院都承旨，非祖宗用人之法，違神考設官之意，臣不可以不論也。……今師約賜第猶存，而未歷邊任，豈可用貽永之例，而遽擢於樞密之地乎？神考詔樞密院置都承旨，以文臣為之，副承旨以武臣為之，或參求外戚之可任者以充此選，然一文一武，不相紊也。[24]

陳瓘引用了王貽永的例子，認為王貽永在尚主後，公主隔年即薨，而

---

24 陳瓘：〈乞罷王師約樞密都承旨〉，《國朝諸臣奏議》（臺北市：文海出版社，1960年5月）卷35，頁1278-1280；又見《全宋文》卷2782，頁35。

後三十年，在沒有公主的「餘蔭」下外放邊任，有完整的從政經歷，才能在仁宗時位居高職。而王師約一無邊任之資歷，二有公主健在，三則樞密院都承旨之職為文臣，王師約是不符資格的。在陳瓘的反對下，王師約被奪秩，終其一生都無法如願。

另一位在仁宗朝執政外戚張堯佐，則沒有王貽永那麼幸運。王貽永因為公主早卒，世人幾乎淡忘他是駙馬的身分，但張堯佐卻是仁宗寵妃張貴妃的世父（伯父），仁宗想拜張堯佐為相，此舉引發輿論與台諫的爭議。

張貴妃是河南永安人，父張堯封，進士及第，但官爵不顯，早卒。張貴妃幼年窮困無依，八歲時進入齊國大長公主家學習歌舞，為公主納入禁中，由宮人賈氏母養之，後因仁宗在宮中宴飲，張貴妃任俳優，才見寵於仁宗。張氏可說出身寒微，入宮後能察言觀色，「巧慧多智，數善承迎」[25]，終於受到仁宗寵愛，康定元年（1040）被封為才人，到了慶曆八年（1048）因扈蹕有功，被進封為貴妃，[26]張貴妃在盛寵之時，其飲膳供給皆踰於曹后，而仁宗也屢次有廢曹后的念頭，但因曹后行事謹嚴，雖無子，遂不行。[27]

張堯佐是張貴妃伯父，出身貧寒，舉進士，宋史記載他「孝謹好學，通吏治，曉法律」，而且歷任地方推官、大理寺丞等職，頗有政績。他的政績也都與法律有關，迨張貴妃在宮中受封為脩媛後，欲以

---

25 陳邦瞻：《宋史紀事本末》（上海市：上海古籍出版社，1994年7月）卷25，頁156。

26 見《長編》卷162宋仁宗慶曆八年（1048）後宮衛士顏秀等四人謀為亂，殺軍校、劫兵杖並進入禁中，斫傷內人臂，其中三人為宿衛兵所誅，餘一人王勝走避宮城北樓，經日乃得。這個事件根據葛紹歐的研究，史書對曹皇后臨危不亂的表現，有很清楚的記載，但對張貴妃如何「扈蹕有功」，就顯得有點語焉不詳，似是仁宗喜愛張氏而任意附加，見葛紹歐：〈從北宋仁宗朝宮廷外戚事件看監察權的行使〉，《師大歷史學報》第五期（1977年），頁258。

27 司馬光：《涑水紀聞》卷8，頁149。

門閥自衿，張堯佐才受到進用。慶曆四年（1044）三月，擔任開封府推官，諫官余靖反對並進言：

> 堯佐識見淺，近依託後宮嬪嬙之勢，已得內降指揮改賜章服，又從內批與省府差遣，大臣依違不能堅執，遂與府界提點。……大凡嬪御親姻，但多與財足表恩意，如堯佐進士出身，自當隨其才望，與之差遣，何必躐等，以騰物議？……堯佐脩媛之世父，進用不宜太遽。頃者郭后之起於楊、尚，不可不監。[28]

當時仁宗還反駁道：「朕豈以女謁進人，蓋因臣僚論薦，而後用爾。如物議不允，當更授一郡耳。」仁宗雖然這麼說，但並未改變決定。一年後，張除戶部判官祠部郎中，[29]七年（1047）除為戶部副使，半年後又為天章閣待制、河東都轉運使，[30]八年（1048）四月，擢為兵部郎中權知開封府，不久又進為龍圖閣直學士、兵部郎中權知開封府。當時任侍御史張昇曾上疏諫阻，認為「緣恩澤，進用太驟，非所以公天下」[31]，但未被採納。

　　皇祐元年（1049）正月，改為端明殿學士給事中提舉在京諸司庫務，兩個月後，遷為權三司使，同年九月，進為禮部侍郎三司使。皇祐二年（1050）十一月，再拜淮康軍節度使、景靈宮使、資政殿學士尚書左丞、同群牧制置使等四使，賜二子進士出身，引起台諫官的大力抨擊。當時資政殿學士尚書左丞王舉正，於同日被任命兼御史中

---

28 《長編》卷147慶曆四年三月己巳，頁3555-3556。另見《諸臣奏議》卷34余靖〈上仁宗論張堯佐不當與府界提點〉，頁1239-1240。

29 見《長編》卷155慶曆五年閏五月戊戌，頁3767及卷160慶曆七年正月癸未，頁3860。

30 《長編》卷161慶曆七年七月壬午，頁3881。

31 《長編》卷164慶曆八年四月甲戌，頁3944。

丞,力言「爵賞名數,天下之公器,不當以後宮踈戚,庸常之材,過授寵渥」,並以「或臣言之不行,即乞罷臣憲司,出補遠郡」為表決心,[32]結果疏入不報。知諫院包拯亦率同諫官上疏,認為張堯佐擢升太快,引起物議,再以張與宋代前期的外戚如杜審肇、錢若水等人比較,杜審肇至老才被任命節度使,而錢若水著有功勳只能做到樞密副使,以此對仁宗施加壓力。[33]次日退朝時,王舉正留百官廷諍,與殿中侍御史張擇行、唐介,知諫院包拯、吳奎、陳旭上前極言,且於殿廡切責宰相(註:當時宰相為文彥博)。仁宗聞之,遣中官論百官退,並於次日在詔書中切責諫官之反覆。[34]是日,張堯佐辭宣徽、景靈宮使二職,仍留二使。

皇祐三年(1051)八月,堯佐又被任命為宣徽南院使、判河陽。侍御史何郯因屢劾不聽,以母老為由,請調外地,以吏部員外郎直龍閣知漢州。[35]唐介也參劾張堯佐和宰相文彥博,於十月被謫為春州別駕,後因王舉正及右正言蔡襄的力爭,越日改謫為英州別駕。[36]

張堯佐自慶曆四年(1044)到皇祐三年(1051)的七年當中,總共升遷十二次,並曾一度升任三司使,但因反對聲浪太大,罷使任,併授四使,又賜二子進士出身,最後保留二使並知判河陽。張堯佐雖然是因張貴妃而致位通顯,但其人的才能亦不容忽視,他以寒士考上進士,任地方推官亦著有政績,但七年半的時間升遷十二次,違反官員正常的升遷資序,而引發質疑,升遷迅速的原因自然伴隨張貴妃受寵於仁宗,而有「依託后妃嬪嬙之勢」之嫌。如何郯曰:

---

32 《長編》卷169皇祐二年十一月癸未,頁4070。另見《諸臣奏議》卷34,頁1248。

33 《諸臣奏議》卷34包拯〈上仁宗論張堯佐除四使不當〉,頁1246-1248。

34 《長編》卷169皇祐二年十一月癸未,頁4070。

35 《長編》卷169皇祐二年十一月癸未,頁4070。

36 《長編》卷171皇祐三年九月丁酉,頁4113。

堯佐雖由進士登第，歷官無他過，然驟被寵用人情，皆以止緣
後宮之親，非復以才能許之。[37]

余靖則云：

嬪御親姻，多與財帛足表恩意，以堯佐進士出身，應隨才望與
之差遣，不可進用太速。[38]

包拯與眾諫官也提到超擢張堯佐，群臣物議。由此觀之，張堯佐遭到
眾官反對的主因乃是其升遷過速，而其過速的原因又並非張的政績或
功勳卓著，而是因張貴妃「以其所出微，欲使之依士族以自重，乃稍
進用堯佐」之故。據朱弁《曲洧舊聞》所載，為了張堯佐的官職，仁
宗上朝，張貴妃送至殿門外一再叮嚀「官家不要忘了宣徽使」，到了
朝堂上，包拯極言不可，弄得「音吐憤激，唾濺帝面」。仁宗回宮
後，一邊以袖拭面，一邊對張妃說「只記宣徽使，不記得包是御史中
丞乎？」[39]這則記載或許不能全然採信，但說明張貴妃對堯佐的官途
是相當積極的。

　　張堯佐的升遷，仁宗曾一度使用內批，而不經過中書、樞密院的
審議直接頒發。[40]其實仁宗在親政之初，自己就曾下詔禁止內降。[41]

---

37 《諸臣奏議》卷34何郯〈上仁宗論張堯佐不可進處二府〉，頁1243-1244。

38 《諸臣奏議》卷34余靖〈上仁宗論張堯佐不當與府界提點〉，頁1240。

39 朱弁：《曲洧舊聞》（北京市：中華書局，1985年叢書集成初編本）卷2，頁21。

40 皇帝從宮中直接發出的詔令稱為內批，又叫內降、手詔、上批、御筆或御札等。內
降手詔代表絕對的皇權，但有時使用上也受到限制。見楊世利：〈論北宋詔令中的
內降、手詔、御筆手詔〉，《中州學刊》第6期，2007年11月。

41 仁宗在明道二年（1033）四月親政，自己曾下詔禁止內降，詔：內外毋得進獻以祈
恩澤，及緣親戚通章表。若傳宣有司，實封覆奏，內降除官，輔臣審取處分。《長
編》卷112明道二年四月己未條，頁2614。

其後禁止內降的詔令又有數次，康定元年（1040）十月，詔：「自今
內降指揮與臣僚遷官及差者，并令中書、樞密院具條執奏以聞。」[42]
皇祐二年（1050）九月詔：「內降指揮百司執奏毋輒行，敢因緣干請
者，諫官、御史察舉之。」[43]只是仁宗雖知內降的負面效應，還是無
法避免的使用內降。慶曆四年（1044）三月，原任判登聞鼓院的張堯
佐任提點開封府諸縣鎮公事，仁宗以內批與省府差遣，欲避免執政大
臣的反對。[44]余靖於慶曆八年（1048）上疏，為避免后族戚里「橫恩
過寵，輕授無度」，「啟僥倖之門，塞公平之路」，請「命婦不許因入
內投進文字求內批指揮，改轉恩澤。如有內批指揮，即令樞密院進
呈」。[45]

　　張堯佐除了提點開封府的職位是透過仁宗的內批、未經二府的審
議任命外，遭到強烈反對的三司使及兼四使、判河陽，應該都有先徵
求大臣們的意見，並按照備選官員的資歷、德行、能力等條件等作綜
合考慮，起草的翰林學士，如果認為不合適，可以拒絕草制，而執政
大臣們也可以提出更適任的人選。根據史料記載，反張的大臣們全部
都是台諫官，包括王舉正、包拯、吳奎、唐介、余靖、何郯等，而且
都是等到張堯佐的升遷新職公布後，才不斷上章諫阻，認為不宜私恩
太重、升遷過速。至於自慶曆四年（1044）到皇祐三年（1051）的七
年內任職宰臣的杜衍、賈昌朝、章得象、陳執中、夏竦、文彥博、宋
庠、龐籍等，卻無一位對「依託後宮嬪嬙之勢」而「進用太速」的張
堯佐表示意見，這似乎也表示張堯佐的升遷，某種程度上是得到執政
大臣的同意與認可的。

42　《長編》卷129康定元年十月戊子，頁3051。
43　《長編》卷186嘉祐二年十二月辛亥，頁4497。
44　《長編》卷147慶曆四年三月己巳，頁3555。另見《諸臣奏議》卷34余靖〈上仁宗
　　論張堯佐不當與府界提點〉，頁1239。
45　《諸臣奏議》卷34何郯〈上仁宗論后族戚里非次改官〉，頁1240-1241。

　　自仁宗親政以來，廢郭后、慶曆改革等重大事件的發生，興起了士人以天下為己任的言事之風，而宋代諫官制度的改變，加之廢郭后的爭議，使得仁宗親政初期的執政與言事官之間，隱然存在著一股緊張的關係。言事之風若真能對事不對人，那自然是國家之福，但執政官員和台諫似乎常以言事為名，行政爭之實，不僅相互對壘，且反而形成朋黨之爭，這時皇帝的態度就顯得十分重要。[46]

　　當時曾任宰臣、吏部尚書等要職的文彥博，根據《碧雲騢》載，與張貴妃有舊，還曾織燈籠錦以進貴妃，並互相援引，此事雖真假難辨，但當時卻有此傳言，以致慶曆八年（1048）到皇祐三年（1051）擔任宰執的文彥博因張堯佐而被侍御史唐介參劾，並在皇祐三年（1051）九月罷為吏部尚書、大學士、改知許州。

　　侍御史唐介是在皇祐三年（1051）張堯佐除四使時，與包拯等諫官力言，堯佐辭去宣徽使、景靈宮使，並於八月辛卯，改命為宣徽南院使、判河陽。唐介獨爭之，

　　認為宣徽使次二府，不計內外，上諭唐介「除擬初出中書，介言當責執政」，暗指張堯佐的任命也得到執政的同意。唐介乃劾宰相文彥博：

　　　（文）專權任私，挾邪為黨。知益州日，作間金奇錦，因中人入獻宮掖，緣此擢為執政。（堯佐事）非陛下本意，蓋彥博姦謀迎合，顯用堯佐，陰結貴妃，外陷陛下有私於後宮之名，內實自為謀身之計。

---

46 見程光裕：〈北宋的台諫之爭與濮議〉，收錄宋史座談會編：《宋史研究集》第2輯（臺北市：中華叢書編審委員會，1983年），頁213-234。宮崎市定：〈北宋の士風〉，《アジア史研究》第四輯（京都：同朋舍，1979年）。劉靜貞：《北宋前期皇帝和他們的權力》第四章〈皇權之外〉，頁195-196。

> 又言：諫官吳奎與彥博相為表裏，言彥博有才。……自彥博獨
> 專大政，凡所除授，多非公議。……自三司……諸司要職，皆
> 出其門，更相援引。……乞斥彥博，以富弼代之。

唐介此言引得仁宗大怒，樞密副使梁適叱介下殿，仁宗令劾介並謫為
春州別駕，蔡襄、王舉正也進言為唐介緩頰，才改謫為英州，唐介雖
被貶謫，但卻以直聲動天下，仁宗不得不派中使護衛唐介至英州赴
任，以免道死，「使朝廷負謗於天下」，之後唐介則不斷被擢升，嘉祐
四年（1059）以天章閣待制知諫院，重新擔任台諫的職位。而文彥博
也在唐介的參劾下，罷相位並改知許州。而被唐介視為與文彥博互為
表裏的諫官吳奎，雖有包拯力保，但還是改知密州。[47]一場張堯佐大
戰，也延伸為執政與諫官的對立，只是反張堯佐的台諫官似乎與唐介
看法並不相同，不然就是沒有表態，因此並未將唐介劾文彥博之事，
引發兩陣營的嚴重對立。唐介孤身一人對宰執文彥博的挑戰，模糊了
原來的焦點，因此張堯佐仍外放河陽，保留原職，表面上唐介、文彥
博兩去職，都沒有得到好處，而實際上唐介的貶官，卻引起輿論的支
持與同情，也讓原本怒氣沖天的仁宗轉而表現對唐介的器重，並在此
後不斷予以擢升。[48]

　　身為外戚的張堯佐雖曾一度有拜相的希望，但最後因台諫官的反

---

47 據《長編》卷171皇祐三年九月辛丑，吳奎知密州。「包拯留奎，且言介因彈大臣，
　并以中奎，誣惑天聽」，上曰：「介昨言奎、拯皆陰結文彥博，今觀此奏，則非誣
　也」。頁4116。
48 在唐介貶官將行時，仁宗不僅遣使護送，怕他道死途中，引起公憤，還賜金給他，
　為示器重，畫唐介像於便殿，表現對他的珍視。三個月後唐介被命為全州團練副
　使、再兩個月後又升為秘書丞，嘉祐四年即回任諫院。見《宋元學案》補遺卷八，
　頁12。劉摯：《忠肅集》（臺北市：臺灣商務印書館，1969年四庫全書本）卷十三
　〈梁蒨墓誌銘〉，頁17。

對，還是未能進入二府，張貴妃出身寒微，企圖依士族以自重，對他的升遷採取的積極態度，造成了反效果。而仁宗在慶曆八年（1048）後宮崇政殿親從官顏秀等四人為亂之事，對張貴妃「昔者殿廬徼衛卒，夜入宮，妃身從別寢來衛」的「扈蹕之功」也反映在堯佐的升遷上。宋史評「堯佐起寒士，持身謹畏，頗通吏治，曉法律，以戚里進，遽至崇顯，戀繆恩寵，為世所鄙」[49]，以一個持身謹畏、著有政績的進士而言，若沒有外戚身分，升官過速可能只會給外界「皇帝隆寵」「朝中有人」的聯想，換言之，如果是一個升遷沒有過速，處事謹嚴和靜默的外戚，也是著有功勳，他是否會因為他的外戚身分，喪失了他可能會有的政治權利與機會呢？

下面的執政外戚出自徽宗朝的例子，但與仁宗時期不同，徽宗對外戚的任用可說是相當具有技巧。徽宗時期任用的兩名執政外戚分別為韓忠彥與鄭居中。

韓忠彥（1038-1109）為曾任三朝宰相的韓琦之子，進士登第後以文章知名，歷任開封府判官、三司鹽鐵判官、戶部判官、知瀛州。哲宗元祐中，召為戶部尚書，擢尚書左丞。此時韓忠彥之弟嘉彥娶神宗女兒唐國長公主，神宗因念韓琦功德，「欲與為婚姻，故哲宗緣先帝意，以主降琦之子嘉彥」，[50]嘉彥拜駙馬都尉，終瀛海軍承宣使。[51]

韓忠彥因其弟為駙馬，在哲宗時曾一度以外戚身分被提出要求去職，但在元符三年（1100）正月徽宗即位後，在向太后與曾布的支持下，忠彥以吏部尚書召拜門下侍郎。[52]逾月，拜尚書右僕射兼中書侍

49 《宋史》卷463〈張堯佐傳〉，頁13558。

50 《長編》卷430哲宗元祐四年七月，頁10385。

51 《宋史》卷312〈韓忠彥傳〉，頁10231。陳薦：〈韓琦墓誌銘〉，《安陽縣志》卷6，頁905-906。

52 見《長編》卷520元符三年正月乙未，時徽宗初任，與宰執討論尚書從官時，曾布力主忠彥，並說忠彥柔順易屈服，容易議事。頁12386-12387。

郎,並與曾布同時任相。其後因與曾布不合,累乞罷相而去。在韓忠
彥去職的隔年(1103)徽宗下詔:

> 朕觀前世外戚擅事,終至禍亂天下。唯我祖考創業垂統,承平
> 百有餘年,外戚之家未嘗與政,厥有典則,以貽子孫。即政之
> 初,以駙馬都尉韓嘉彥兄忠彥為門下侍郎,繼除宰相,方朕恭
> 默,弗敢有言,給事中劉拯抗疏論駁,亦不果聽。……自今勿
> 復援忠彥例,以戚里宗屬為三省執事,世世守之,著為甲令。[53]

就徽宗的詔文來看,以韓忠彥為相並不是他的意思,而是當時垂簾的
向太后所主張,在這篇詔文裡,徽宗認為外戚不宜出任執政。有趣的
是,後來徽宗任命的宰相的鄭居中(1059-1123)就是徽宗鄭皇后的
從兄弟,也具備外戚的身分。

鄭居中進士出身,在鄭貴妃入宮受寵後,鄭居中就因貴妃「家世
微,倚居中為重」之故,而連獲擢升。[54]鄭居中在朝為官時,初與蔡
京頗善。崇寧五年(1106)春晚,天空出現長數丈的彗星異象,對此
徽宗以為是災異譴告,不但避殿、撤膳,還盡罷蔡京一切施政,改以
趙挺之為相,蔡京罷相後,京屢令其黨進言,稱「一切皆罷,恐非紹
述之意」,上乃有用京之意。當時鄭居中也感覺到徽宗意向的轉變,
與禮部侍郎劉正夫合作,認為趙挺之更張不當,蔡京施政如居養、安
濟等法能厚下俗,並非逆天行道的政策,因此才促成蔡京在數月後
(大觀元年,1107)的復相。[55]蔡京這次復相,鄭居中功不可沒,因

---

53 《宋大詔令集》(北京市:中華書局,1997年12月),卷162〈誡約勿援韓忠彥例以
   戚里宗屬為三省執政官詔〉,頁617。

54 《宋史》卷351〈鄭居中傳〉,頁10968。

55 《長編拾補》卷26崇寧五年二月,頁878-879;卷26崇寧五年十二月癸未,頁898。

此被京舉薦為同知樞密院，但因外戚之故不行，居中疑蔡京不力，也埋下兩人日後的恩怨。

大觀三年（1110）權傾一時的蔡京被台諫攻擊，蔡京致仕，改由張商英任右僕射，鄭居中也在四月升任樞密院事，並廣植黨羽如給事中蔡薿、劉嗣明等人。

鄭皇后擔心居中拜相會影響朝臣對自己的觀感，反而加以反對，徽宗則以制衡蔡京專政為由，說服鄭后。[56]

鄭居中拜相以後，御史中丞吳執中上章反對，用的理由也是「外戚不宜在政地」，帝「還其章，而諭以所以用居中之意」[57]，徽宗用鄭居中，是有政局的考量，利用蔡京與鄭的恩怨，以制衡朝政，因此個人認為，徽宗拜居中為相時，考慮的是身為朝臣、與蔡京有嫌隙的鄭居中，而不是鄭皇后的親友鄭居中。

第三節　外戚與北宋黨爭

宋代士大夫是政治主體，「坐而行」反映在他們參與朝政，勇於表達政見的執行力上，不同政治主張的壁壘分明、台諫官僚與執政的對立都產生宋代黨爭的問題，仁宗的廢郭后、英宗的濮議以至於慶曆變法、熙寧變法衍生的黨爭，對北宋政治的影響至為深遠，在選邊站的黨同伐異立場上，外戚又扮演何種角色？

前文討論了宋代部分執政外戚在邁向執政之路時，所遭遇到朝臣的反對情形，不難理解在大環境下，多數外戚都必須也必然有著戒慎恐懼的心理，謹守著緘默忠謹的態度，因此對於介入朋黨之爭，應是

---

56 《宋史》卷243〈鄭皇后傳〉，頁8639。

57 見吳執中：〈上徽宗論鄭居中除同知樞密院事〉，收於《諸臣奏議》卷35，頁1300-1302。

非常謹慎，然而人總是群體的動物，很難自絕於人群之外，之前王詵
非自主的捲入蘇軾「烏臺詩案」，即為一例，（參見第四章：政治圈內
與圈外：與政外戚）外戚的任用，若涉及到黨爭問題，又會是何種
狀況？

　　駙馬張敦禮（生卒不詳）的政治立場與仕途是一個有趣的例子。
張本名張丕，在熙寧三年（1070）尚英宗女祁國長公主（後封韓國大
長公主），父親是屯田郎中（從五品）張尚雅，尚主後被賜名為敦
禮。張在政治立場上近司馬光，反對王安石變法，元祐初，他上疏
言：「變法易令，始於王安石，成於蔡確。近者退（蔡）確進司馬光，
以臣觀之，所得多矣。」[58]張敦禮的選邊站，在當時獲得了升遷，但
也為他帶來後患，在章惇執政及徽宗在位時，他的進言就屢次被政敵
提出檢驗，而他的政治生涯也與之相關而浮浮沈沈：

> 敦禮忘德犯分，丑正朋邪。密封章疏，詆毀先烈。引譽罪首，
> 謂當褒崇，欲其黨儔盡見收用。乃責授左千牛衛大將軍，勒止
> 朝參。徽宗立，有司以敦禮在貴籍，奏審恩賜，帝與欽聖后皆
> 以為當與。惇等執前疏，欽聖曰：戚里何必預知朝廷事，當時
> 罰亦太重矣。復和州防禦使，進保信軍留後。
> 崇甯初，拜寧遠軍節度使。諫官王能甫言：「敦禮以匹夫之賤，
> 一日而富貴具焉。神宗親愛隆厚，禮遇優渥，而敦禮詆毀盛
> 德，罪大謫輕。今復與之節鉞，無乃傷陛下『紹述』之志
> 乎！」乃奪節，仍為集慶軍留後。[59]

58　《宋史》卷464〈張敦禮傳〉，頁13582。
59　《宋史》卷464〈張敦禮傳〉，頁13582-13583。

張敦禮是宋代駙馬中最敢於表達政治立場的，因此他屢次升或降，也都與北宋政局相關，他為司馬光說話，是宣仁太后垂簾，進武勝軍留後。新黨執政時，他就成了忘德犯分、醜正朋邪之人，又以傷徽宗紹述父志之心，被奪寧遠軍節度使。

　　徽宗即位初期的政治紛擾，除了當時複雜的情勢外，也有一位韓忠彥處於風暴核心。

　　哲宗死後，因無後嗣，最後是由親弟徽宗入繼大統，徽宗即位時已十九歲，其實已具備處理政事的能力，但因為初期政局尚不穩定，由向太后一同聽政，以消除「內外皆有異議之人」，「不然誰冀與為助者？」[60]因此徽宗即位之初較以向太后的意向為依歸。

　　向太后是神宗的皇后，為名臣向敏中的曾孫女，父為向經，叔父向傳範，皆為名臣。向太后是恪守傳統的太后，政治立場保守，對家族成員也多所約束。徽宗即位之初，有意向太后示好，建議將其弟向宗回、宗良封為使相，太后堅持不可。[61]向宗回兩兄弟也在向太后死後才被封郡王、開府儀同三司。宦官黃經臣欲更名黃臣，以避太后之父向經的字諱，她也反對此議。[62]垂簾之初，向太后宣稱不久即還政，並自嘲云：「瞎」字也不識，怎生理會得天下事？[63]可見其謹小慎微的性格。

　　向宗回、宗良兩兄弟雖得到相當的榮寵，但宗回個性驕恣，曾因「人告其陰事者，詔開封府鞫實，宗回惶懼，上還印綬，以太子少保

60　曾布：《曾公遺錄》（臺北市：文海出版社，1979年），卷9哲宗元符三年二月己酉條。
61　《長編》卷520元祐三年元月乙未，頁12386。又見曾布：《曾公遺錄》，卷9，頁224。
62　見曾布：《曾公遺錄》，卷9，頁224。當時黃經臣乞改名，太后云：若今天下人皆改名，乃為萬世笑端。
63　見曾布：《曾公遺錄》卷9哲宗元符三年正月庚辰條，頁225。

致仕」，後又因言者不已，流郴州。[64]向氏兄弟與蔡京等大臣結好，而被當時的給事中陳瓘上疏。陳瓘云「向宗良兄弟，交通賓客，漏洩機密」，「宗良兄弟依倚國恩，憑藉慈蔭，夸有目前之榮盛，不念倚伏之可畏。所與游者，連及侍從，希寵之士，顯出其門。」[65]時奏一出，太后聞之大怒，至哭泣不食，徽宗乞貶瓘，而怒猶未解。[66]不過後來向宗良當能恪共自守，並無大過。

由於在政治立場上，向太后對熙寧之政的態度是「神宗聖明，豈近世人主可比。只是晚年不免錯用卻人，不免致天下議論」，明顯傾向舊黨，肯定神宗而將政爭的政治責任歸於新黨。當時徽宗的態度是較傾向新黨的，而在之前的黨爭中，舊黨主要人物相繼出世，僅存的幾位如蘇軾兄弟也已風燭殘年，就算向太后支持舊黨，舊黨的力量也不足與新黨抗衡，因此才有之後「建中之政」的出現。[67]向太后對舊黨的態度，與其後韓忠彥的拜相有很大的關係。

在向太后垂簾後，大批元祐黨人相繼還朝，已故元祐黨人也被平反，如遣使勞問范純仁於永州，[68]尚書及從官闕，令於樞密院參議，具前執政等十人，餘可充從官者二十人姓名進入，以引元祐人入朝，其後韓忠彥、李清臣等在哲宗朝被貶抑的大臣重返朝廷。

韓忠彥（1038-1109）於哲宗時被召為戶部尚書，後擢尚書左

---

64 《宋史》，卷464〈向宗回傳〉，頁13581。

65 《全宋文》，卷2783陳瓘〈論向宗良兄弟交通賓客奏〉，頁39-43。〈論蔡京交結外戚奏〉，頁60-61。又見《國朝奏議》卷35〈上徽宗論向宗良兄弟交通賓客〉，頁1281-1292、〈上徽宗論蔡京交結外戚〉，頁1293-1298。

66 《長編》拾補卷16元祐三年九月己卯，頁606。

67 南宋朱熹認為，建中之政調停兩黨，是曾布的政策。見〔清〕王梓材：《宋元學案補遺》（臺北市：世界書局，1974年），卷4〈文肅曾子宣布〉，然而此語頗有討論空間。建中之政並非僅憑曾布一人一言就訂定，應是在向太后和徽宗等人在皇權與政權之下的妥協政策。

68 《太平治迹統類》（臺北市：成文出版社影適園叢書本）卷24〈元祐黨事本末〉下

丞，此時幼弟嘉彥尚公主事，卻影響他的仕途。

　　在幼弟與公主婚事初定後，忠彥立即要求避嫌，哲宗不許，但台諫官卻紛紛上疏，知諫議大夫范祖禹言：

> 國朝以來，祖宗諸公主婚姻之家，皆無預政事者。今嘉彥已選
> 定宣繫，而忠彥執政，此非祖宗故事，不可為子孫法。使後世
> 姻戚預政，自陛下始，臣竊惜之。……陛下念琦之功，富貴其
> 家可也，至於執政，必選天下之望，不可止以勳舊。如趙普、
> 曹彬之孫，何嘗執政？豈是祖宗不念功乎？[69]

又云：「今在朝廷之人，多出於韓琦之門。雖知忠彥不協人望，以琦之故，皆莫肯言，亦乞陛下知察。祖宗以來，無強族根據朝廷。今忠彥執政，弟尚公主，恐權威太盛，宜防其漸。」御史中丞傅堯俞也上言「物議藉藉，以為未當」。[70]范祖禹提出外戚的因素外，也指出擔心韓琦一門成為強族的問題。忠彥也不斷自請罷官，哲宗仍不許。成婚後，輿論壓力更大，忠彥改同知樞密院事、遷知院事。

　　元符三年（1100）正月徽宗即位之後，韓忠彥重返中央，他也是向太后的外甥，成為建中之政當中舊黨的代表，在向太后支持下，忠彥以吏部尚書召拜門下侍郎。[71]逾月，拜尚書右僕射兼中書侍郎，並與曾布同時任相，「曾短瘦而韓偉岸」有「龜鶴宰相」之稱。[72]有一則

69　朱熹：《三朝名臣言行錄》（上海市：上海書店，1989年四部叢刊初編本）卷13之1
　　〈內翰范公祖禹〉，頁16左。

70　《長編》，卷430元祐四年七月己卯條，頁10386。

71　見《長編》，卷520元符三年正月乙未，時徽宗初任，與宰執討論尚書從官時，曾布
　　力主忠彥，並說忠彥柔順易屈服，容易議事。頁12386-12387。

72　莊綽：《雞肋編》，卷上〈韓忠彥等綽號〉：「建中靖國初，韓忠彥、曾布同為宰相，
　　曾短瘦而韓偉岸，每並立廷下，時謂『龜鶴宰相』」，頁25。

史料可以證明向太后對韓的信任，向太后當時要廢劉皇后，復孟皇后，但徽宗不贊成廢劉皇后，「復一廢一則上累永泰（哲宗），豈小哉？」後來由韓忠彥去向太后進言，果然成功。[73]

　　這次韓忠彥的復出還是受到議論，在元符三年二月任門下侍郎，言官便以他外戚身分展開攻擊，給事中劉拯言：「韓忠彥雖以德選，然不可啟貴戚預政之漸。」[74]劉拯的政治立場偏向新黨，藉由韓忠彥的外戚身分反對執政，可能只是一種藉口，而他的反對並未受到採納，自己反而被降官。[75]其後韓忠彥在元符三年十月升任左僕射，曾布任右僕射，兩人並相，一般看法都傾向忠彥柔懦，天下事多決於布，然而其說未必為真，韓忠彥也不是任人揉搓的軟柿子。元符三年韓忠彥奉召回朝，見上便陳四事，以裨新政：四事一曰廣仁恩，二曰開言路，三曰去疑似，四曰息用兵，上皆嘉納之。[76]以時政觀之，韓在去疑似上說：「法無舊新，便民則為利；人無彼此，當材則可用」，對元祐之政多所辯護，並請「用人之際，無分熙寧、元祐，惟是之從，惟材之用」，這也就是建中靖國持其兩中的主要精神。元祐舊黨如范純仁、劉奉世等人恢復舊職，過世的舊黨文彥博、司馬光等人的官職也被追復，這些應都有韓忠彥的作用。在息用兵上，韓建議罷進築之邊兵，以休養生息，元祐三年四月，放棄鄯州，建中靖國元年三月，退出湟州，這些地方都在現青海地區的邊疆，可見在邊政上的意見也有頗多採用。

　　其後韓忠彥在徽宗親政後崇寧元年（1102）五月罷相，以觀文殿

---

73 畢仲游：《西臺集》，收入《百部叢書集成》（臺北市：藝文印書館，1965年），卷15〈丞相儀國韓公行狀〉，頁12。

74 《宋史》卷356〈劉拯傳〉，頁11381。

75 在劉拯上言後，曾布以劉拯為蔡卞門下士，反對忠彥顯見其姦險，徽宗乃出劉拯知濠州。見《長編拾補》卷15符三年二月辛酉，頁572。

76 畢仲游：《西臺集》，卷15〈丞相儀國韓公行狀〉，頁8-10。

大學士知大名府，去職原因並非外戚身分，而是與黨爭有關。韓與曾布並相，韓雖資歷完整，政見也頗有見地，但個性較為中道，曾布又想要復新法，當時韓忠彥身後最大的依恃向太后已經過世，讓韓忠彥在朝中沒有發揮的空間，[77]在有志難伸之下，加上當時他已接近六十歲，萌生罷去念頭，並引進蔡京，企圖壓制曾布。據〈宋宰輔編年錄〉云：忠彥怨布，於是曰：布之自為計者，紹述耳。吾當用能紹述者勝之。遂召京，京之用，自韓忠彥始。同樣的內容也出現在〈朱子語類〉：

> 韓忠彥欲擠子宣，遂引蔡京入來，子宣知之，反欲通殷勤於京。忠彥方遣其子迓京，則子宣之子已將父命迎之於二十里外矣。先時子宣攻京甚力，至是遂不復誰何。凡京有所論奏，不曰：京之言是，則曰：京之言善，又不自知其疏脫，載之日錄。[78]

蔡京上位以後，曾布外貶，崇寧元年五月，開始打擊舊黨：

> 神宗在位十有九年，所作法度，皆本先王，元祐黨臣秉政，紊亂殆盡。……今奸黨姓名具在，文案甚明，有議法者、有行法者、有為之唱者、有從而和者，罪有輕重，情有深淺，使有司條析區別行遣，使各當其罪。[79]

---

77 畢仲游：《西臺集》，卷15〈丞相儀國公行狀〉，頁13至14。邵伯溫：《邵氏聞見錄》卷第五，頁44。

78 見朱熹：《朱子諸子語類》（上海市：上海古籍出版社，1992年5月）卷38〈自熙寧至靖康用人〉，頁634。

79 《資治通鑑長編紀事本末》（臺北市：文海出版社，1967年）卷121〈禁元祐黨人〉條。

打擊舊黨的一連串措施之下，向太后垂簾的政策也都被否定，在向太后垂簾時期復官的元祐黨人再度遭到貶責，如安燾、范純禮、劉奉世、蘇轍等人，韓忠彥則以在相位時棄湟州之故，謫崇信軍節度副使，濟州居住。逮復湟、鄯，又謫磁州團練副使。最後蔡京主政，立元祐黨人碑，韓忠彥也列名其中。[80]直到政和三年（1113）六月，徽宗才追復韓忠彥的官職。

---

80 《資治通鑑長編紀事本末》卷121〈禁元祐黨人〉條。

第四章
政治圈內與圈外：與政外戚

第一節　任官的特權與限制

　　外戚由於是皇室的親戚，地位與眾不同，因此除少數外戚在成為外戚之前就有功名或官位在身外，其餘外戚均可憑恩補官，並採行定例與特恩兩種方式。

　　外戚若非進士出身，或在成為外戚之前已經在朝中任職，只要是以恩補官，屬資蔭出身者，不能任地方的親民官。[1]如秦國長公主為子王世隆求正刺史，真宗拒絕，並說：「牧守、親兵之官，係朝廷公議。」[2]不願援私恃恩給官。而以恩補的外戚，原則上多授予武職官，「祖宗之法，后族戚里不得任文資。」[3]如太祖杜太后姪兒杜彥超任西京作坊使，孫杜守元任左班殿直，仁宗李皇后弟李用和補官三班奉職，但其後被擢至殿前都指揮使，人稱李國舅。[4]曹皇后弟曹也任右班殿直，尚美人之父除殿直，[5]章惠太后弟楊景宗因后而任右班殿直，[6]英宗高皇后弟高士林初任內殿崇班，神宗曹太后姪孫蔭補任左

1　司馬光：《涑水紀聞》卷一，太祖詔，凡以資蔭出身者，皆先使之監當場務，未得親民。頁19-20。

2　見《長編》卷55咸平六年十二月戊午條。另可見《涑水紀聞》卷六，頁123。

3　《建炎以來朝野雜記》甲集卷1〈憲節邢皇后〉，頁35。

4　魏泰：《東軒筆錄》，收入《唐史史料筆記叢刊》（北京市：中華書局，1997年12月）卷之二，頁21。

5　司馬光：《涑水紀聞》卷五，頁85。

6　《東軒筆錄》卷之二，頁22。

右班殿直、三班奉職。因此由北宋外戚蔭補初任職位來看，主要是武資官，且多為小臣當中的左右班殿直或三班奉職等官。唯一的例外，是太祖母杜太后弟杜審瓊初任國子祭酒，但他隔年馬上改拜左領軍衛將軍，以文轉武資。[7]

駙馬李遵勗的孫子李評，是一個特別的例子。他初補官以從八品的供奉官入仕，接著轉七品皇城使，其後受樞密院都承旨的官職，這個官位管理樞密院的內部事務，另外它也是皇帝在處理政務時，必須侍立在側的要職，這個官職通常很少有外戚擔任，就算任此職也會遭到大臣的反對。李評在這職官上是否有遭到阻礙史籍未載，只說他「天資刻薄，招權不忌，多布耳目，采聽外事自效以為忠」，[8]他曾經召試學士院，改任殿中丞，可知他除了公主孫子的身分，也相當得到皇帝信任。其後他以榮州刺史外放，終官於成州團練使，知蔡州。

下一個例子是章獻劉皇后的近戚馬季良，原補官越州上虞縣尉，但改文資為祕書省校書郎，在章獻垂簾時馬季良一路升遷至秘閣校理、太子中允、兵部郎中，龍圖閣待制，仁宗親政後，即命令改「武弁」，以為「祖宗之制不可以私恩廢也」，[9]改官濠州防御史。神宗向皇后之父向經原任虞部員外郎，且是在任外戚之前的事，在向后被立後，改換武資莊宅使。這些特例也都是源於特別的情形。

外戚也被禁止擔任皇帝的侍從臣，包括閣職、侍從等，哲宗向太后家族欲求閣職，太后說：「吾族未省用此例，何庸以私情撓公法？」不許。[10]閣職是文官，與侍從近臣一樣，與皇帝有許多親近的機會，通常會協助皇帝襄理文墨，以備政事諮詢之用，因此容易有干

7　《宋史》卷463〈杜審瓊傳〉，頁13536。

8　《宋史》卷464〈李評傳〉，頁13571。

9　《宋會要輯稿》后妃2之1，頁233。

10　《宋史》卷243〈向皇后傳〉，頁8630。

預朝政的嫌疑。但這個制度在徽宗時被破壞，當時「奸臣秉政，戚里內侍公然托請，內降御筆日以十數」，因此皇后之父至為太師，帝女之夫為侍從，打破北宋以來的成法。如鄭貴妃的從兄弟鄭居中，在罷去知樞密院事後，任龍圖閣學士、提舉醴泉觀，龍圖閣學士即為侍從官。[11]

　　鄭居中的侍從官並非只是憑藉他與鄭貴妃的關係，還有其他原因，其一鄭居中是進士出身，累官至中書舍人、直學士院等，有一定的學識。其二徽宗當時有意重用鄭居中來制衡總治三省的蔡京，這是鄭居中被重用的原因。

第二節　法律的保護

　　中國古代的法律並非基於人權的考慮，而是基於懲惡止姦的目的而存在。對於犯罪行為，宋代主要的法典依據是《宋刑統》，然而隨著社會經濟的快速變化，法典的條文無法因應需要，而有大量的增敕出現。[12]而犯罪者的身分則會決定罪刑的輕重，「議」、「請」、「減」、「贖」指的是在犯罪人符合特殊的資格與條件的情形下，可憑藉著這四種方式，來奏請減免罪刑。

　　所謂符合「議」的資格者，有「八議」，指的是在中國刑律上，對於八種權貴人物在審判上給予特殊待遇的制度。八議包括：「議親」、「議故」、「議賢」、「議能」、「議功」、「議貴」、「議勤」、「議賓」：

---

11 《宋史》卷351〈鄭居中傳〉，頁11103-11104。

12 參考郭東旭：《宋代法制研究》（保定市：河北大學出版社，1997年）、本人著作《宋代刑罰修正之研究──以盈賊重法與左教禁令為中心》（臺北市：花木蘭出版社，2012年3月）。

壹曰議親。注云謂皇帝袒免以上親、太皇太后、皇太后緦麻以上親、
皇后小功以上親。貳曰議故。注云謂故舊。參曰議賢。注云謂有大德
行。肆曰議能。注云謂有大才業。伍曰議功。注云謂有大功勳。陸
曰議貴。注云謂職事官參品以上、散官貳品以上及爵壹品者。柒曰議
勤。注云謂有大有勤勞。捌曰議賓。注云謂承先代之後為國賓者。[13]

八議之始，源於周代的「八辟」。[14]漢末已有八議流行的說法，直
至曹魏才將八議載入律文之中。唐代規定，凡屬八議之人犯了十惡以
外的死罪，必須將犯罪的情形和應議內容，奏請公議後由皇帝裁決，[15]
除非是犯流罪以下的輕罪，否則承辦審理的官吏不能擅自裁斷。

八議議刑的程序如下，第一，「先奏請議」，即由法司條錄犯罪人
的罪行及罪條，說明具有的資格（指的是八議的那一種情形），奏請
皇帝批請議刑。第二，由大臣於朝堂當中集議，再由皇帝裁決。

「請」又稱「上請」，漢代始有請，指的是凡具有特殊身分的貴
族或官僚犯罪，有司無權斷罪，而須「上請」皇帝奏裁。如漢高祖時
「令郎中有罪耐以上，請之。」[16]漢光武帝建武三年詔曰：「吏不滿六
百石，下至墨綬長、相，有罪先請。」[17]

在宋代符合「請」資格者，有三種：第一，皇太子妃之大功以上
親。第二，應議者之期以上親及孫。第三，五品以上官爵之人。[18]

13 《宋刑統》卷2〈名例律·八議〉，頁20。
14 見《周禮》卷35〈秋官·小司寇〉：八辟為議親、議故、議賢、議能、議功、議
貴、議勤、議賓。頁524。
15 參見《唐律疏議》卷2〈名例律·八議〉，頁113：「諸八議者，犯死罪，皆條所坐及
應議之狀，先奏請議，議定奏裁。」《宋刑統》卷2〈名例律·八議〉，頁20。
16 《漢書》卷1下〈高祖紀〉，頁63。
17 《後漢書》卷1上〈光武帝紀〉，頁35。
18 參見《宋刑統》卷2〈名例律〉，頁21。

「請」與「議」的最大差別，在於議者犯死罪得議刑，而請者犯死罪須上請聽敕，在程序上法司在「議」上無法提供處理意見，而是由京諸司七品以上諸官集議，但在「請」上法司可提供意見。其次，議的法律特權適用範圍較大，除了十惡之外的死罪皆可議，但請則「死罪不合上請，流罪以下不合減罪」。再次，議者的資格較寬，而請者所蔭及的親屬範圍則較小，此三為兩者的差別所在。但兩者在本質上，均是由帝王來權斷，作最後的裁決。

「減」指的是減等入罪，隋時「其在八議之科，及官品第七已上犯罪，皆例減一等。」[19]唐宋因襲隋制有所損益而成。符合減者犯流罪以下始可減等：

> 諸柒品以上之官及官爵得請者之祖父母、父母、兄弟姐妹、妻、子孫，犯流罪以下，各從減一等之例。[20]

上面這段內容主要是規定符合減者的資格和條件。

「贖」法實施很早，在湖北睡虎地秦墓所出竹簡有云：「欲歸爵二級以免親父母為隸臣妾者一人，及隸臣斬首為公士，謁歸公士而免故妻隸妾一人者，許之，免以為庶人」[21]，這裡的意思是有軍功受爵之人，可以將爵退還二級，用來贖免隸臣妾之罪的親身父母一人，以及退還公士的爵，用來贖免現為隸妾的妻一人，所贖之人都免為庶人，可見贖法在秦即有。至南朝陳：「其三歲刑，若有官，准當二年，餘一年贖。若公坐過誤，罰金。其二歲刑，有官者，贖

---

19 《隋書》卷25〈刑法志〉，頁711。

20 《宋刑統》卷2〈名例律〉，頁21。

21 〈秦律十八種〉，《睡虎地秦墓竹簡》（臺北市：里仁書局，1981年11月），頁369。

論」[22]。隋代亦有贖律:「其品第九已上犯者,聽贖」[23]。宋代贖的資格與條件如下:

> 諸應議請減及玖品以上之官,若官品得減者之祖父母、父母、妻、子、孫犯流罪以下,聽贖。若應以官當者,自從官當法。其加役流、反逆緣坐流、子孫犯過失流、不孝流及會赦猶流者,各不得減贖,除名、配流如法。[24]

由以上的規定,可知符合贖的資格,第一種是玖品以上之官。第二種是本身有官品符合減者條件(柒品以上官)的血親(祖父母、父母、妻、子孫)者。第三種是符合「議」、「請」、「減」資格的人,在經過減刑之後,可再援用贖的特權。

根據這些規定,外戚的犯罪行為自可以受到與一般人不同的特殊待遇。王繼勳(?-977)是太祖王皇后的親弟,王皇后因為受到太祖的愛重,在愛屋及烏之下,王繼勳的不法之事往往也都不了了之。像是縱手下的士兵在地方上搶掠女子為婚,時遭捕斬百餘人,但王繼勳就沒有被鞫治。王個性殘暴,乾德四年(967)繼勳復為部曲所訟,後以臠割奴婢為樂,此事讓繼勳削奪官爵,配流登州,但後來又改右監門率府副率一職。開寶三年(970)司西京,此後王繼勳殺人棄屍之事時有所聞,根據最後鞫治結果,在六年之間,王繼勳手殺奴婢達百人之多,且尚有食人肉之事。[25]由於此事太過嚴重,太祖無法再掩蓋事實,以斬繼勳來平息眾怒。

---

22 《隋書》卷25〈刑法志〉,頁703。
23 《隋書》卷25〈刑法志〉,頁711。
24 《宋刑統》卷2〈名例律〉,頁21。
25 《宋史》卷463〈王繼勳傳〉,頁13542。

楊景宗（生卒年不詳）是仁宗養母楊淑妃的從弟。他年少游手無賴，憑藉著楊妃之故，補為茶酒班殿侍，累遷供奉官。在仁宗即位後，楊淑妃也被奉為太后，他被升任地方刺史及知州等職。仁宗曾對輔臣說：景宗性貪虐，老而益甚，郡不可予也。[26]其後改提舉在京諸司庫務。楊景宗愛喝酒，酒後無狀，曾在滑州毆打通判王述，只得到仁宗的「口頭警告」。韓琦曾在景祐三年十一月上奏楊景宗不法事，但也沒有任何效果。[27]

駙馬柴宗慶（982-1044）尚太宗女魯國長公主，歷官多過失，性格貪鄙，家中財富鉅萬，但卻十分吝嗇。他的理財之道就是派家丁經商，但利用自己的地位逃避稅金，他曾有兩次記錄，一次市材木，一次市馬，被真宗叨唸一番後，貸不問。[28]

外戚雖非皇族宗室，但有著顯貴的地位，只要不是謀反謀逆，或如同王繼勳殺人如麻，其法律有豁免的特權，皇帝多半會予以寬貸。

第三節　社交生活

南宋的彭龜年（1142-1206）曾經對寧宗這麼說：

> 臣伏見祖宗待外戚之法，遠監前轍，最為周密，不令預政，不令管軍，不許通宮禁，不許接賓客，不惟防禁之，使不害吾治，亦所以保全之，使全吾之恩也。[29]

---

26 《宋史》卷463〈楊景宗傳〉，頁13554。

27 韓琦：〈論楊景宗恣橫不恭奏〉，收入《全宋文》卷848。另見《諸臣奏議》卷35，頁1237-1238。

28 《宋史》卷463〈柴宗慶傳〉，頁13556。

29 彭龜年：《止堂集》卷5〈論韓侂冑干預政事疏〉，頁72。

彭龜年的待外戚之法，是宋代士人的老生常談：不令預政，不令管軍，不許通宮禁，這些都不難做到，只要在政治上不給太高的權力，沒有兵權在手，加上宋代后妃並非出身世家大族，必能有效遏止宋代外戚的干政。只是「不許接賓客」一項，似乎就有些不通人情了，人畢竟是社會的動物，有正常的社交生活也是人情之常，這應該如何去做限制呢？

王詵（1048-?）[30]，在北宋時期是著名的書畫名家，有著名畫作〈烟江疊嶂圖〉等，他的妻子蜀國大長公主是英宗的第二女，母親為宣仁聖烈皇后，神宗熙寧二年（1069）兩人成親。王詵出身於開國功臣世家，先祖為王全斌，是太祖器重的著名將領，祖父王凱也頗有功勳，官至武勝軍節度觀察留後。王詵雖出身武將世家，但從小愛讀書，頗有文采。據《宣和畫譜》說他「諸子百家，無不貫穿，視青紫可拾芥以取。嘗袖其所為文，謁見翰林學士鄭獬，獬嘆曰：子所為文，落筆有奇語，異日必有成耳。」[31]王詵不但長於文章、書法，通曉琴棋笙樂，尤精於繪畫，以山水最長，亦能畫松、墨竹和人物，神宗選他為駙馬，也是看中他的才能。

蘇軾初仕，曾任鳳翔府節度判官，其中一位幕府同僚就是王彭，王彭博學多才，與蘇軾頗能相合，蘇軾喜好佛書，也與王彭的引介有關，王彭與王詵的父親王緘是兄弟，因此王詵與蘇軾可能是在王彭的介紹下而結識。以王詵人生勝利組的資歷來說，只要謹守本分，就可以一世榮華，但因他與蘇軾相交甚深，蘇軾後來捲入政爭，王詵也難自外，而受其牽連。

---

30 有關王詵的生卒年都有爭議，王詵所尚的公主生於1051年，若按舊說王詵出生年1036年，兩人相差年紀甚多，且當時公主下嫁時為1069年，時神宗為22歲，公主為19歲，應不會選擇近四十歲的王詵為妹婿，故近人推斷王詵應生於1048年。見張榮國：〈王詵生平事迹考略〉，《南京藝術學院學報》，2010年2月，頁41。

31 《宣和畫譜》（臺北市：藝文印書館，1965年）卷十二〈山水三，王詵〉。

　　王詵與蘇軾的交游，在朋九萬《東坡烏臺詩案》一書中有相當多
的記載：

> 熙寧二年，軾在京授差遣，王詵作駙馬。後軾去王詵宅，與王
> 詵寫作詩賦并《蓮花經》等。本人累經送酒食茶果等與軾。當
> 年內王詵又送弓一張、箭十只、包指十個與軾。[32]

在兩人結識的前一年，蘇軾正值父喪除服，與蘇轍一起還朝，而在熙
寧二年二月（1069）得到差遣，以殿中丞直史館、判官告院。兩人結
識後，常一起吟詩弄文，禮尚往來之下建立深厚的情誼。熙寧五年
（1072），王詵送蘇軾官酒十瓶、果子兩䈰。熙寧六年，蘇軾以〈游
孤山詩〉寄詵。熙寧六年（1073），軾為嫁甥女，手頭不便向王詵借
錢先後三百貫，自後來未曾還。熙寧八年（1075），成都僧惟簡託軾
在京求師號，軾將本家原收畫一軸送與王詵，請王詵幫忙。當年秘丞
柳詢家貧，蘇軾也將自家一株犀送與王詵，說是柳詢欲賣三十貫，王
詵將犀送還，送錢三十貫給柳詢。在熙寧八年至九年，兩人除互送酒
果外，也有書簡往復。熙寧九年（1076）兩人相見，酒樓內有倩奴，
向軾求曲子，軾遂作〈洞仙歌〉一首，〈喜長春〉一首與之。次日，
王詵送韓幹畫十二匹共六軸，求軾跋尾，不合作，詩云：「王良挾矢
飛上天，何必俯首求短轅。」意以駟驥自比，以諷譏執政大臣，無法
盡己之才，如王良之能馭者，何必折節干求進用呢？當月，軾又荐會
傳神僧，為王詵寫真，乞得紫衣一套。四月蘇軾去徐州赴任，王詵送
羊羔兒酒四瓶，乳糖獅子四枚，龍腦、面花、象板、裙帶、錦緞之類
與軾。從兩人交往的枝節看來，王詵因為家境優裕，常贈酒食禮品給

---

32 朋九萬：《東坡烏臺詩案》（北京市：中華書局，1985年叢書集成初編本），頁6-7。

蘇軾，也常成為貧困蘇軾的救火隊，舉凡借錢、僧人求師號或祠部牒，王詵也都有義氣的大力相助。

元豐二年（1079）三月，蘇軾自徐州到湖州上任，七月，舒亶、何正臣、李定等人彈劾蘇軾，舒亶言蘇軾有譏諷時事之言，並上呈他在杭州期間印製的三卷詩歌作為罪證。八月，蘇軾被押赴台獄審問，是為著名的「烏臺詩案」，也牽連張方平、司馬光、王鞏、范鎮等二十多人。駙馬王詵因曾向蘇軾通風報信，洩漏朝廷密查蘇軾的情報給蘇轍，加上王詵曾幫忙蘇軾詩文的印製而涉入案中。蘇軾迫不得已招認多首與王詵有關的詩文有諷議朝政之嫌：〈游孤山詩〉諷朝廷新法行後，公事邊筭之多，〈杞菊賦〉諷朝廷新法，減削公使錢太甚，〈超然臺記〉譏朝廷政事缺失，并新法不便，〈題韓幹馬詩〉，以騏驥之比，諷執政大臣未能盡我之才。十一月，蘇軾落職，黃州安置，不得書公事，令御史台差人轉押前去。絳州團練使駙馬都尉王詵追兩官，勒停。其中御史舒亶針對王詵提出意見：

> 駙馬都尉王詵收受軾朝政文字，并與王鞏往還，漏泄禁中語。竊以軾之怨望詆訕君父，蓋雖行路有所諱聞，而詵恬有軾言，不以上報，既乃陰通貨賂，密與宴游。至若鞏者向連逆黨，已坐廢停，詵於此時同掛議論而不自省懼，尚相關通。案詵受過恩，列在近戚，而朋比匪人，志趣如此，原情議罪，實不容誅，乞不以赦論。[33]

烏臺詩案與王安石無關，而是出於李定、何正臣、舒亶等人的誣陷，通過此案，不僅反映出政治鬥爭的險惡，也顯示駙馬王詵與蘇軾的情

---

33 朋九萬：《東坡烏臺詩案》，頁6-7。

誼。王詵沒有明顯的政治立場，他與蘇軾，是因詩文書畫上的共同愛好，而建立惺惺相惜的友誼。王詵作為駙馬，雖很清楚自己的本分與在政治上應恪守明哲保身的原則，但還是選擇友情，也因此受到牽連獲罪。

徽宗即位之初，受到神宗向皇后的支持，為示對向氏的優禮，向后的兄弟向宗回、宗良任節度使、封郡王、開府儀同三司，一時權勢薰天。時任諫官的陳瓘（1057-1124）就反對當時的紹述之說，極論蔡京之罪，以外戚向宗良、宗回兄弟交結賓客為由，提出反對：

> 宗良兄弟依倚國恩，憑藉慈蔭，夸有目前之榮盛，不念倚伏之可畏。所與游者，連及侍從，希寵之士，願出其門。裴彥臣無甚幹才，但能交通內外，漏泄機密，遂使物議籍籍。[34]

陳瓘並舉出李瑋和曹佾的例子，兩人雖都為外戚，但李瑋將每日所見的賓客名字抄錄起來，以供皇帝備查。曹佾雖地位顯要，但從來不會在皇帝面前推薦任何一人，也從未接待賓客。陳瓘在疏文的針對對象其實是蔡京，他在另一篇〈論蔡京交結外戚奏〉也提到向氏兄弟和蔡京勾結，又有中官裴彥臣交結之，禍亂朝綱，有害於朝廷。（時為元符三年九月）

由王詵與向氏兄弟的例子，不難發現宋代對外戚交接賓客的限制不嚴，只要不涉及朝政，正常的社交活動是不會加以限制的，但是如果涉及黨同伐異，那就上升為謗議朝政的層次了。

---

34 陳瓘：〈論向宗良兄弟交通賓客奏〉，收入《全宋文》卷2783，頁40-41。

第四節　外戚的下一代

外戚的下一代，從他們的出身來分析，有兩種類型：第一種，即為母族與后族的外戚後代。第二種，為公主和駙馬的後代，亦具有皇室血統。

皇帝的母族在外戚當中最為顯貴，基於對生母的孝道，皇帝會表現在對母族的提攜與照顧上。以北宋而言，太祖太宗的生母杜太后家族，母舅杜審琦、杜審瓊、杜審肇、杜審進生前或為領郡，或任地方節度使，且都在死後贈少保、少傅、中書令不等的榮銜，[35]第二代以後雖然還是可獲得補官，但若要平步青雲則不太容易，主要依照個人表現為主。杜氏家族的第二代以杜審瓊之子杜彥圭、杜審進子杜彥鈞兩位較受推重。杜彥圭（927-985）起家為六宅副使，在他四十六歲左右外放到信州擔任刺史，接下來又任饒州團練使。在宋太宗伐北漢時，杜彥圭也隨軍參加，和曹翰、孫繼業攻城。回師後，又率兵屯中山，但因為買賣竹木事處置不當，又降為饒州刺史。太宗北伐契丹，杜彥圭擔任米信在幽州行營的副將，又因為不許軍士晡食，以設陣不整之故，被懲罰降為均州團練副使，卒贈歸義軍節度，真宗時加贈中書令、太師。

杜彥鈞（？-1017）起家以供奉官補官，累遷崇儀使、莊宅使，領羅州刺史。後來因用兵故，擔任永興軍駐泊鈐轄，應屬於皇帝親信之職。真宗即位後，歷任邠、慶、延、鳳四州。在契丹攻澶州時，杜彥鈞率兵擊走一些遼兵，真宗加封邑並改任河中。杜彥均的能力似乎

---

35 《宋史》卷463〈杜審琦傳〉、〈杜審瓊傳〉、〈杜審肇傳〉、〈杜審進傳〉，頁13535-13538。另見李心傳：《建炎以來朝野雜記》甲集卷12〈外戚節度使〉載：「國初外戚罕有建節者，太祖時，杜審進以元舅之尊，窮老才得節度使。」另見〈文臣節度使〉條，節度使非近屬及有大功者不除，可知其不易，頁139。

比彥圭略好一點，不過宋史記載說他因為是外戚，所以採取「保位」政策，意思應是他不求有太大作為，也因此有諫官說他政事不舉，而被降官，可見他的低調。杜彥鈞在真宗天禧元年卒，贈安化軍節度。

杜家的第三代有杜守元（杜彥圭子）、杜贊文、杜贊寧（杜彥鈞子）。杜守元（？-1009）補左班殿直，因得聖寵得侍便殿，後遷供奉官、莫州監軍。在契丹入邊時，和守邊武將出兵邀擊，獲得契丹人的牲口羊馬，以功加崇儀副使。至道三年（997）領梧州刺史，兼為并代、鎮、定、高陽關鈐轄。杜贊文和贊寧分別補為供奉官與殿直，在史籍沒有其他記載。

杜家的第四代有杜宗壽（杜彥鈞孫）補三班奉職，杜惟序（杜彥圭孫，杜守元子）補三班奉職，其後累遷知惠州、莫州，又以供備庫使為梓夔路鈐轄，徙環慶路，知邠州，又權慶州。當時因西夏在邊境生事，好水川之役宋將任福大敗，但杜惟序卻以數千騎兵斬夏兵數百，獲兵馬千計，得到軍功而領忠州刺史。後又改知雄州，當時契丹在燕、薊邊境生事，想要索地，而惟序得知消息，告知朝廷，但仍在地方知州，最後知恩州，徙大名府路總管，改乾州團練使。第四代的起家雖都為三班奉職，但宗壽和惟序的從官經歷卻大不同，由此可見如果真的是只想「保位」而已，養家餬口尚可，但想要更上一層樓，勢必要抓緊每一個表現的機會。杜惟序在西夏邊境的軍功，卻沒有讓他率軍抗敵，而是仍然領郡為地方官，這與仁宗時期的政策轉變有關。第一，杜惟序已經是杜家的第四代，母族的影響力已式微，仁宗有自己親母李宸妃家族要照顧，因此補官的位階都很小，而升遷要看能力。第二，仁宗的用人政策是以文官為主，防禦西夏是從中央調任夏竦、范仲淹等文官，而非如同太宗時般，重用武將家族。因此儘管杜惟序在邊境力求表現，但卻無法得到重用。

仁宗生母為李宸妃，在劉太后死後，仁宗才從燕王趙元儼口中得

知自己並非劉太后親子,仁宗「號慟頓毀,不視朝累日」,[36]自責不已,除易梓宮移葬外,也對親母的家族寵賚甚渥。母舅李用和領郡後,曾任殿前都指揮副使,後乞罷軍職,改為彰信軍節度使、檢校侍中、同中書門下平章事。[37]李用和有三子:李璋、李瑋、李珣。仁宗為顧念李家,特將福康(後封兗國)公主下嫁李瑋,但因公主不喜李瑋樸陋,兩人感情不好,李瑋親母楊氏亦與公主不和。據史料記載,兗國公主與在府中伺候的太監梁懷吉一起飲酒,楊氏躲在旁窺之而被公主發現,「主怒,毆楊氏」,公主「夜開皇門入訴禁中」[38],回到了宮中告御狀。這件事情也引發大臣們的指責,表面上以宮門夜開,要求懲治為公主開門的宮廷侍衛,其實是針對公主的行為失序而發。最後仁宗只好將公主降封為岐國公主,李瑋也被貶至衛州知州。李瑋和公主貌合神離,公主「終惡瑋,不可復入中合」,且還幾度自盡,[39]仍無法和離。李瑋在公主死後又再度因奉主無狀被貶陳州。[40]後來才赦還京師,至建武軍節度使、檢校太師。

李瑋的長兄李璋以恩補三班借職,知澶州、曹州,累遷武成軍節度使知鄆州,當時這個地方的盜賊猖獗,白天在路上搶劫還殺死縣令,李璋為之告賞,終於稍弭盜賊之禍。有一年因大雨發大水,老百姓以船筏載客獲利,結果可能是超載,導致有溺死之事,李璋依法處置,在地方頗得民心,卒贈太尉。[41]

---

36 《宋史》卷242〈李宸妃傳〉,頁8617。

37 《宋史》卷464〈李用和〉,頁13565。

38 見李燾:《續資治通鑑長編》,卷196仁宗嘉祐七年二月癸卯,頁4741-4742。《宋史》卷464〈李瑋傳〉,頁13566-13567。當時公主的生母苗貴妃為了保護女兒,派太監王務滋管勾駙馬宅,以伺瑋過,李瑋卻十分小心,一直沒有出現錯處招人話柄,因此仁宗更因此事對李家感到愧疚。

39 見李燾:《長編》,卷196仁宗嘉祐七年二月癸卯,頁4741-4742。

40 同上《長編》癸丑,王陶請將皇城、宮殿內外監門使臣送劾開封府,頁4742。

41 《宋史》卷464〈李瑋傳〉,頁13566。

　　李珣以蔭補閣門祇候起家，當時李璋因任閣門副使，李珣欲求通事舍人，被仁宗拒絕，仁宗云：爵賞以與天下共也，儻盡用親戚，何以待勳舊乎？雖說如此，但隔一年李珣還是升為通事舍人。李珣也是從閣門累遷地方防禦使，知相州及潁州等地。在哲宗即位後，李珣進泰寧軍留後、提舉萬壽觀，這種升遷是打破成規的，「戚里一覃恩遷官」自此始。[42]

　　北宋后族外戚後代以太宗李皇后家族、英宗高皇后家族較為活躍。皇后正位中宮後，皇后的父祖長輩都會受到贈封，而平輩兄弟們也會受到封賞，侄兒輩依例補官，而在皇后崩後，這個后族的後代會得到多少重視，主要還是看皇后受寵的程度、該家族勢力與皇帝用人政策等相關。以太宗的三位皇后為例，尹皇后、符皇后都卒於太宗即位前，李皇后雖然沒有生育，但她的家族潞州上黨李氏卻是著名的武將家族，太宗即位時尚有十國中的割據勢力及北方虎視眈眈的契丹，因此重用武將是太宗必要的政策。宋初的武將集團多半都是宋初的功臣集團，對太祖擁立有功，然而太宗兄終弟及，想要有別於太祖，就必須引用較親近自己的勢力，因此喜用外戚武將為己所用。[43]

　　英宗高皇后家族的情形則和太宗時不同。英宗時想進擢高后的兄弟高士林，為高后所阻。神宗即位後，高氏家族因高太后為神宗生母，高遵惠、高遵裕都受到重用。哲宗即位，高后又以太皇太后之尊垂簾聽政八年（1085-1093），在朝政上有相當的影響力，也因此第二代的高公紀（高后之侄，高士林子）、第三代高世則（高公紀子）雖

---

42 《宋史》卷464〈李珣傳〉，頁13567。

43 此說為何冠環所主張，見《北宋武將研究》（香港：中華書局，2003年6月）。筆者也十分贊成此說，太祖、太宗都重用外戚武將，太祖重用賀氏家族，但賀氏兄弟貪功生事，在戰事無所為。而王繼勳性格無賴，多行不法。太宗對李氏家族的重用，除了是政策延續外，也是基於用自己人的考量。

都以恩補閤門祗候、左班殿直，官職不顯，但其後累遷地方防禦使，以節度使終官。[44]

公主與駙馬的後代既為外戚，也具有皇室血統。公主所生之子補官較高，其餘駙馬的庶子，雖然也有恩補，但職級會有不同。如王承衍尚太祖女昭慶公主，有子世安、世隆、世雄、世融四人，唯世隆為公主子，補如京副使，歷洛苑使、六宅使及平州刺史，性格驕恣。世隆有三子：克基、克緒、克忠，皆面授供奉官，幼子克明為西上閤門副使，而世安僅至崇儀副使、通事舍人，世雄至內殿崇班，世融為內殿承制。[45]

魏咸信尚太祖永慶公主，有子昭易、昭亮、昭侃三人，昭易西京作坊使，知隰州，昭侃為崇儀使。昭亮為公主所生，由太宗賜名，初拜如京副使，遷洛苑使，掌翰林司。在公主丁憂後起復，拜西上閤門使。當時帝以閤門舊儀制未當，命昭亮和龍圖閣學士陳彭年等人詳定儀制。後遷四方館使，常糾舉官員之失儀。[46]

公主為了自家夫婿和子孫，也會利用自己的優勢與地位，向皇帝要求特權或討官來做。仁宗女魯國大長公主是宋代最長壽的公主，她一直活到南宋初年。她與錢景臻生下錢忱和錢愕兩子（錢愕在南渡時被害）。錢忱娶唐介孫女，也是晁迥外孫女，識得一時公卿，錢忱與哲宗關係不錯，常侍帝左右。徽宗即位後將景臻升任為開府儀同三司和少師，又拜錢忱為節度使，雖然是榮銜無實權的官，不過還是頗得皇室的重視。[47]南渡後，這位長壽的公主還以自己曾迎請皇帝登位來討功，為子孫向兒子們討升遷。[48]另一位向皇帝關說的神宗女秦國長

---

44 《宋史》卷464〈李用和傳〉，頁13565-13566。
45 《宋史》卷250〈王承衍傳〉，頁8818。
46 《宋史》卷249〈魏昭亮傳〉，頁8807。
47 見《宋會要輯稿》帝系8之20，建炎元年六月二十六日，頁158。
48 《宋會要輯稿》帝系8之21，紹興四年八月二十六日，頁159。

公主，她與潘正夫有子潘長卿、粹卿等五人，她在南渡後向高宗關
說，為兒子求官或推恩皆特授泉州、利州觀察使等官職。連女婿鄭
珙，公主也為他求升直祕閣閣門宣贊舍人的官職。[49]

---

49 《宋會要輯稿》帝系8之36，紹興十九年八月二十一日，頁166。

第五章
結論

北宋末年的戰爭情勢與政治背景

　　一一一四年，完顏部阿骨打起兵於東北，以二千五百騎進攻寧江州（今吉林扶餘縣），大敗遼師，當時女真騎兵才滿萬人而已。次年，阿骨打即皇帝位，國號大金，建元收國。遼天祚帝下詔親征，但屢次作戰都失敗，遼上京、中京陷落，天祚帝出奔於夾山（今綏遠）。其後，宋金盟約正式成立，約定雙方合力攻遼，在遼滅後，金將燕京與薊、景、檀、順、涿、易六州交還給宋，宋則將原贈給遼的歲幣給金。

　　宋金合作後，金軍攻遼勢如破竹，但宋軍攻遼的燕京，卻兩度失敗，金人不但以宋敗盟為由指責，更令金人洞悉宋軍的積弱不振，導致一一二五年，金兵分兩路侵宋。東路以完顏宗望為帥，攻取汴京，西路以宗顏宗翰為領，進取太原，兩軍同時出發，但東路軍一路長驅南下，西路軍卻阻於太原的重兵，兵臨城下之際，汴京被圍，徽宗讓位給二十六歲的太子趙恒，是為欽宗，與宗望訂下盟約，條件是金人退兵，內容極盡屈辱，包括：割太原、河間、中山三鎮，尊金主為伯父，賠款金五百萬兩，銀五千萬兩，牛馬萬頭，布百萬疋。

　　汴京城內，有不少人觀望，也有不少愛國之士，大力反對與金人議和，金將宗翰與宗望於靖康元年（1126）八月，以六萬之軍再度會於汴京城外，宋軍在城內雖有十萬軍隊，但卻無法抵抗金人的攻擊，至此城陷，北宋亡，史稱靖康之禍。

金人進城後，徽、欽二帝成階下之囚，另有后妃、宮女、太監、官員等約三千人，及搜刮而來的金銀、宮廷圖籍等，一併帶去北方。

亡國後的外戚們

靖康之禍後，徽、欽二帝、后妃、宗室、宮女、太監、官吏等三千餘人被俘北上，據當時的記錄，北去的包括二位皇帝，二十三位皇子，七位宗王，十六位皇子，二十一位公主，八位駙馬，一百八十一位后妃，五十二位王妃，一百多位宦官及八百多位宮女。[1]這些亡國的貴族在北遷的過程中相當辛苦，有的逃跑成功，像欽宗的弟弟信王趙榛隱匿在真定府，有的如宗王趙士跂在逃跑後加入地方義勇軍抵抗金兵，最後陣亡。[2]

在這二千多人北去的戰俘中，有八位駙馬，姓名與年紀如下：

曾夤，尚嘉德帝姬，二十八歲。曹晟，尚榮德帝姬，二十四歲。宋邦光，尚安德帝姬，二十二歲。蔡鞗，尚茂德帝姬，二十一歲。向子房，尚成德帝姬，十八歲。田丕，尚洵德帝姬，十八歲。劉文彥，尚顯德帝姬，十八歲。向子扆，尚順德帝姬，十七歲。[3]（時為天會三年，1125）

七年之後，紹興二年（金天會十年，1132），當時徽宗的兒子沂王趙枵與駙馬劉文彥，告徽宗和信王趙璂謀叛，此事金太宗吳乞買遣使詰問，讓徽宗自行調查此事，徽宗派蔡京的兒子，也是駙馬蔡鞗調查此事，發現此事是沂王和劉文彥誣告，徽宗遣莘王趙植與駙馬宋邦

1　見《靖康稗史》（鄭州市：中州古籍出版社，1993年2月），卷四〈南征錄匯〉，頁95-119。

2　《宋史》卷246，頁8728；同書卷452，頁13293。

3　《靖康稗史》，卷三〈開封府狀〉，頁92。

光說明自己的清白，吳乞買將沂王和劉文彥賜死。[4]

　　這件史事牽涉兩位駙馬和兩位宗室，且明顯站在不同的政治立場，由於史料的記載並不清楚，我們不知道徽宗是否真有謀叛的事實，但無論有無，都顯示金帝是站在徽宗這邊的，否則這件調查案不可能會交由徽宗自行處理。其次，沂王趙栩和劉文彥企圖透過此事，罔顧父子（岳婿）之情，或許是為謀求自己的利益，改善生存的環境。

　　在北上的宗親中，僅有少數如徽欽二帝，能夠獲得較好的待遇，其他人飽受虐待，難以溫飽，北上的三千多人，宮人成為奴隸或做苦役，公主被迫改嫁或為女真貴族的妾侍，有的在洗衣房做苦工，備受折磨。[5]據後來逃到南宋的宗室趙子砥說，濮王趙仲理以下的一千八百人左右的宗室姻親等，被安置在燕京（金中都）的仙露寺中，每日只供給米一升，每月鹽一升，且男子都受到拘管和監視，「拘縻點看，監視嚴密」，[6]北方冬天氣候寒冷，在身體條件不好又營養不足的情況下，三千人中不到一年死去了百分之八十，剩下三百九十八人。因此當時二十五歲的沂王趙栩及劉文彥，竟做出誣告自己父（岳父）的舉動，恐是為求生存之舉。

　　有部分外戚幸運的逃過了戰火，順利到南方並且投奔朝廷。在南宋初建時，由於喪失許多圖籍，因此人事檔案相當缺乏，包括宗室族譜等，丟失這些重要檔案，也造成認定身分的困難，有的冒充宗親或公主，來得到領取津貼的權力。[7]

4　此事見於《金史》卷三〈太宗本紀〉，頁65。又見於《靖康稗史》卷六〈呻吟語〉，頁157。時為天會十一年二月戊子。

5　據《靖康稗史》記載，已婚的帝姬中，較為年長且有美色的嘉德、榮德、安德、茂德、洵德及順德帝姬，都被迫改嫁或入宮。成德及顯德兩位帝姬沒入洗衣院。見卷七〈宋俘記〉，頁182-183。

6　徐夢莘《三朝北盟會編》卷98引自趙子砥《燕雲錄》所言。

7　像是徐王趙棣、榮德帝姬、柔福帝姬都有出現冒牌事件。見李心傳：《建炎以來朝

度過艱困的旅途，到達南方的外戚們，為了新生活的開展，必須得到南方新朝廷承認，加入勤王的行列中。而高宗為了帝位繼承的合法性，也更加善待這些皇室舊成員們。像是仁宗女魯國大長公主，她是宋代最長壽的公主，一直活到南宋初年。南渡後，這位長壽的公主還以自己曾迎請皇帝登位，勤王有功來討賞，為兒孫要求升遷。[8]神宗的女兒秦國長公主，也因她和駙馬潘正夫擁立高宗有功，為子潘長卿等五人求官，後被特授泉州、利州觀察使等職，連女婿鄭珙，公主也為他求升直祕閣閣門宣贊舍人等官職。[9]

南宋初年，昭憲杜太后家族的後人們也到了南方，包括杜子善、杜澣、杜濱等人，他們曾在徽宗政和五年（1115）拿到一份手詔，這份手詔內容大致是杜氏的後代沒落，為了照顧他們的生活，訪其後裔，「將本家未仕子孫逐月計口支給錢米」。依據這份手詔，高宗的回應按月支給，但「恐援例者眾，若例一開，不可復閉」。[10]這則資料顯示外戚的後代分支太多以後，可能就要自謀生路，朝廷不可能照顧所有人。有的外戚後代比較幸運，生活基本無虞，對他們來說，改變生活環境，離開熟悉的北方，開展新生活，外戚的後代會繼續在南方落地生根，試圖找出自己安身立命的方式。

野雜記》甲集卷一〈偽親王公主〉，頁54-55：自稱徐王棣者，審驗後乃男子李勃，坐誅。又有婦人自稱榮德帝姬，按驗後為婦人易氏也，杖死。自稱柔福帝姬者，後封為福國長公主，下嫁永州防禦使高世榮，其後發現柔福公主早已北邊，嫁給徐還後死，稱公主者乃乾明寺尼李靜善，重杖處死。

8　同上書，帝系8之21，紹興四年八月二十六日，頁159。

9　《宋會要輯稿》帝系8之36，紹興十九年八月二十一日，頁166。

10　《宋會要輯稿》后妃2之1，紹興二十七年十月二十三日，頁224。

從北宋到南宋

外戚的任用，宋代有「矯漢唐之弊」的共識，因此對外戚有許多限制與約束，然而任何的限制與約束在皇權之下都是可以被打破的。北宋時的武將外戚家族李氏、曹氏，以及執政外戚王貽永、張堯佐、韓忠彥、錢惟演等人，或許沒有漢唐時代外戚的權勢薰天，但透過前文的討論，可以得知皇帝在不同的情況下，仍會重用外戚，而不受祖制的約束。而外戚的種類、本身的才能或政績、與當權者的關係，也會決定這位外戚在朝政的地位。像仁宗即位後，章獻劉太后的垂簾，援引劉美家族的例子，劉從德、馬季良並不適任，則不見有諫官予以諫止。太祖重用王繼勳、太宗重用武將外戚如李繼隆家族等，徽宗即位初用韓忠彥，也是基於當時政局的需要，皇權的考慮並非只由其外戚身分著眼。

此外，從外戚的被書寫的史料看來，好的外戚應具備有下列特質：

避權勢，遠權勢

太宗駙馬王貽永「能遠權勢」，宋仁宗母舅李用和「小心靜默，推遠權勢」，哲宗妻兄孟忠厚「避遠權勢」，高遵惠「遠嫌自保，故不罹紹聖之禍」，在史籍上皆有正面評價。

個性謹慎，謙靜

杜審瓊在公畏慎。

郭崇仁「性慎靜，不樂外官也」。

王貽永在樞密十五年「人稱其謙靜」，

劉從廣（劉美子）性謹飭，然喜交士大夫（以上均引自宋史）

　　由以上對與政外戚的讚譽，不難看出，對於外戚事蹟的書寫，被
正面看待的標準是：不恃貴顯、不做違法事、位高無實權、不預國
事、不伐不求。換言之，一個恃貴顯，位高權重又干預國事的外戚，
無論他最後有沒有紊亂朝綱，在史書的記載裡都可能偏向負面。

　　宋代官僚在反對外戚執政時，最常提出的理由就是違背祖制（非
故事）、鑒漢唐之弊，這也導致北宋時雖然外戚參政，但卻無漢唐時
的外戚之禍。然而，這樣的情形到了南宋有沒有改變呢？

　　劉子健先生在一九七三年發表了一篇文章〈包容政治的特點〉[11]，
這篇文章使用了社會科學的概念，說明南宋政治的特色就是包容、妥
協的政治。在這樣的架構中，南宋的皇帝和宰相的關係，也與北宋時
期有所改變，南宋宰相能與皇帝做充分的配合，甚至是有效的執行皇
帝的決策，而受到重用，其中有幾位權相像韓侂冑、史彌遠、賈似道
等人因與皇位問題有關，以擁立有功而得皇帝的信任。南宋的宰相也
能和言官互相合作，形成包容的政治形態，使他們能安於相位。

　　過去學界往往將唐宋時期作為中國史分期的一個整體來討論，而
對兩宋之際也有這樣的討論方式，如早期學者錢穆在討論宋代政治得
失時，就指出宋代相權低、皇權高的現象，或許這是與唐代相權比較
之下的結果，不過錢先生指的宋代相權是泛指兩宋，南宋出現權相則
沒有在他的討論範圍內。究實來看，北宋與南宋不僅只是統轄區域的
變化，它的政治結構、官僚制度及社會、經濟各方面，也都有很大的
不同，劉子健先生以政治史角度將北宋／南宋做了一個區分，隨即也
出現近年來對南宋史研究的展開。

---

11 劉子健：〈包容政治的特點〉，收入《兩宋史研究彙編》（臺北市：聯經出版公司，
　 1987年11月），頁41-77。

　　南宋的外戚比北宋的外戚有更多的權力，權臣韓侂胄、賈似道都
具備外戚身分。

　　李心傳在《建炎以來朝野雜記》提到南宋后家外戚無論是建節或
封王者都比北宋浮濫：

〈中興以來后家建節者〉

　　自建隆以來，母后，中宮之家建節者極少，如杜審進，曹佾皆
　　晚歲始得之。宣仁垂簾十年，高公繪止為承宣使。符、觀後，
　　乃有向宗回兄弟，鄭紳父子。中興七十年，后家建節者，凡二
　　十有二人。吳氏七人（益、藝、琚、璟、珽、璹、理）韓氏四
　　人（侂胄，邈，同卿，㙛），韋氏四人（淵、謙、讜、璞），邢
　　氏、李氏各二人（邢煥、孝揚、李孝友、孝純），孟氏、鄭
　　氏、郭氏、夏氏、謝氏、楊氏各一人。（孟宗厚、鄭藻、郭師
　　禹、謝淵、夏執中、楊次山）[12]

　　反觀北宋，對節度使授予是較嚴格的，北宋初除非近臣或有大功
者是不拜節度使。徽宗宣和以後，建節人數趨於浮濫。南宋的外戚封
王數也比北宋多，似乎顯示南宋外戚的地位有上升趨勢。

　　因此，一個有趣的問題是，如果宋代是無外戚之患的時代，那麼
具外戚身分的南宋權臣韓侂胄、賈似道又是如何摒除反對，進而得到
執政的權力？韓、賈兩人如果生於北宋，或許不是那麼有機會位列執
政，南宋的皇權、台諫的運作又和北宋有何不同？這或可提供學術上
的一個新研究方向。

---

12 李心傳：《建炎以來朝野雜記》乙集卷11〈中興以來后家建節者〉，頁674。

附錄

表一　史籍所見之北宋外戚

（共131人，其中29人為駙馬，不含靖康之禍以後公主二嫁的駙馬）

姓名	親屬	任官情形	附註
杜審琦	杜太后兄弟	太祖開國後贈左神武軍大將軍。	
杜彥超	杜審琦子	西京作坊使，卒贈左領軍衛大將軍。	
杜審瓊	杜太后三兄	初授檢校國子祭酒，後拜左領軍衛將軍，富州刺史。權判左金吾仗事，死後贈太保，寧國軍節度使，諡恭僖。	
杜彥圭	杜審瓊子	授六宅副使，後領信州刺史，饒州團練使。太宗時知定州，並隨太宗伐遼，因設軍不整以致亡失，坐遷均州團練副使。死後贈歸義軍節度使，加贈中書令。	
杜審肇	杜太后弟	授左武衛上將軍，檢校左僕射。領濰州刺史，後出知澶州。死後贈太保，昭信軍節度使，加贈太傅。	
杜彥遵	杜審肇子	南作坊使。	
杜審進	杜太后兄弟	起家授神武大將軍，改右羽林大將軍。乾德元年領賀州刺史，後知陝州。太宗即位後，加檢校太傅、太	

（續）

姓名	親屬	任官情形	附註
		師，又授靜江軍節度使，加開府儀同三司，死後贈中書令。	
杜彥鈞	杜審進子	起家補供奉官，累遷崇儀使。端拱初，加莊宅使，領羅州刺史。淳化四年置昭宣使，加領恩州防禦使。真宗時出知河中府，歷知邠慶延鳳四州。大中祥符五年知莫州，又改秦州，拜密州觀察使，卒贈安化軍節度使。	
杜守元	杜彥圭子	補左班殿直，得侍便殿，並帶御器械，為太祖近身侍衛。至道三年領梧州刺史，連為并代鎮定，高陽關鈐轄。	
杜贊文	杜彥鈞子	供奉官。	
杜贊寧	杜彥鈞子	殿直。	
杜宗壽	杜彥鈞孫	三班奉職。	
杜惟序	杜守元子	起家三班奉職，累遷知惠州、莫州。以供備庫使為梓夔路鈐轄，徙環慶路，知邠州，又權慶州。久之，改六宅使，知雄州，徙知滄州、定州，遷東上閤門使、知涇州，改四方館使，知滄州、恩州。	
高懷德	燕國長公主之夫	太祖即位後，拜殿前副都點檢，移鎮滑州，充關南副都部署，尚主後加駙馬都尉。平李筠亂，以功遷忠武軍節度、檢校太尉。開寶六年，加同平章事。同年公主薨，去駙馬都尉號。	再娶。

（續）

姓名	親屬	任官情形	附註
		太宗即位，加兼侍中，又加檢校太師，卒贈中書令，追封渤海郡王。	
賀令圖	太祖賀皇后之兄	太宗時補供奉官，改綾錦副使，隸太宗左右。知莫州，遷崇儀使，知雄州。雍熙二年領平州刺史，因貪功生事被遼將所俘。	
王繼勳	太祖王皇后之弟	以后故，為內殿供奉官、都知，溪州刺史。建隆二年加領恩州團練使，又改永州防禦使。	
王惟德	王繼勳孫	不肖，不能自立，真宗聞而憫之，授汝州司士參軍。	
宋偓	太祖宋皇后之父	靜難軍節度使。納后後，為知邠州。太宗即位後加同平章事，從平太原及征遼。後知滄州，封邢國公，遷同州，又為右衛上將軍。北伐後知霸州。卒贈侍中。	
宋元靖	太祖宋皇后兄弟，宋偓子	供備庫使。	
宋元度	太祖宋皇后兄弟，宋偓子	供備庫副使。	
宋元載	太祖宋皇后兄弟，宋偓子	左侍禁、閤門祗候。	
宋元亨	太祖宋皇后兄弟，宋偓子	左侍禁、閤門祗候。	

（續）

姓名	親屬	任官情形	附註
宋惟簡	宋元度子	殿直。	
宋惟易	宋元度子	三班奉職。	
劉知信	杜太后侄兒	供奉官，後轉六宅副使，遷軍器庫使，掌武德司，錦州刺史，後坐秦王廷美事，改右衛將軍，後領營州刺史。	
劉承宗	劉知信子	蔭補殿直。咸平初改供奉官，大中祥符初，加內殿承制，歷如京、文思二副使，徙河東緣邊安撫使，又知保州、定州。乾興初，進東上閣門使，徙鄜延都鈐轄而卒。	
劉承渥	劉知信子	蔭補殿直，累任使，喜為條奏，至供奉官、閣門祇候。	
劉永釗	劉承宗子	右侍禁、閣門祇候。	
劉文裕	簡穆皇后為祖姑	起家補殿直。太平興國二年擢為內弓箭庫副使，出為秦隴巡檢。後遷軍器庫使，以征太原分兵控石嶺關，後領儒州刺史。從潘美北征，坐失楊業，削籍，配隸登州，後復起右領軍衛大將軍，領端州團練使。遷容州觀察使，鎮州兵馬鈐轄。卒贈寧遠軍節度。	
劉文昌	劉文裕弟	供奉官、閣門祇候。	
劉文質	劉文裕弟	內園使，連州刺史。	
尹崇珂	太宗尹皇后之兄	宋初為淄州刺史，有善政。乾德征頓表，討南漢叛亂。卒贈侍中。	
尹崇珪	尹皇后兄弟	西京作坊使，領歙州刺史。	

（續）

姓名	親屬	任官情形	附註
尹昭吉	尹崇珂子	西京作坊使，領會州刺史，後至洛苑使。	
尹昭輯	尹崇珂子	供奉官，閣門祇候。	
李繼隆	太宗李皇后之兄	以父蔭補供奉官。曾征江南，有軍功。太宗時改六宅使，從征太原，為四面提舉都監，討幽州，與郭守文領先鋒，破契丹數千。從曹彬征幽州，太宗嘉其有謀。 真宗改領鎮安軍節度、檢校太傅，加同中書門下平章事，澶州役後，加開府儀同三司，食邑，卒贈中書令。	父為李處耘，但在太宗娶明德皇后前已卒，卒贈宣德軍節度、檢校太傅。
李繼和	李皇后之兄	以蔭補供奉官，三遷洛苑使。常與繼隆邊任從行，後出為并代州鈐轄，久之，遷西上閣門使，擢殿前都虞候，領端州防禦使。卒贈鎮國軍節度。	
李繼恂	李皇后兄	洛苑使、順州刺史，贈左神武大將軍。	
李昭亮	李繼隆之子	四歲補東頭供奉官，許出入禁中。累遷西上閣門使，出為潞州兵馬鈐轄，徙領麟府路軍馬事。領高州刺史，知代州。後歷知地方，拜武寧軍節度使，徙并州、成德軍，拜同中書門下平章事，判大名府。卒贈中書令。	
李昭慶	李繼隆子	洛苑使。	
李昭遜	李繼恂子	供備庫使。	

（續）

姓名	親屬	任官情形	附註
李惟賢	李昭亮之子	以父蔭為三班奉職，後為閤門祗候，通事舍人。累遷西上閤門使，尋領高州刺史，知溟州。後徙恩州，遷四方館使，善宣辭令，仁宗頗愛之。	
符彥卿	太宗符皇后之父	太祖即位，加守太師。開寶二年，移鳳翔節度，後因為御史所劾，罷節制。	
符昭信	符皇后兄弟，符彥卿子	後周顯德初卒，贈檢校太保，閬州防禦使。	
符昭愿	符皇后兄弟，符彥卿子	宋初，領恩州，後入補供奉官，又改遷西京作坊副使，授尚食使。從征太原，為御營四面巡檢使。師還，真拜蔡州刺史，知并澶二州。咸平初，為天雄軍、邢州二鈐轄，後拜本州防禦使。卒贈鎮東軍節度。	
符昭壽	符皇后兄弟，符彥卿子	初補供奉官，開寶七年改西京作坊副使，歷遷六宅副使、領蘭州刺史。會遣將北征，與劉知信為押隊都監，轉尚食使，真拜光州刺史。端拱二年，知洪州，後改遷鳳州團練使、益州鈐轄。其後因劍南事故，被神衛卒趙延順所殺。	
符承諒	符昭壽了	內殿承制，娶齊王女嘉興縣主。	
符承煦	符昭愿子	左千牛衛將軍。	

（續）

姓名	親屬	任官情形	附註
符惟忠	符彥卿曾孫，外祖母為賢靖大長公主	三班奉職，後擢閣門通事舍人，勾當東排岸司。陝西用兵，除涇原路兵馬鈐轄兼知涇州。再遷西上閣門副使，遷閣門使，至武彊縣卒，贈客省使，眉州防禦使。	
王承衍	尚太祖女魏國大長公主	左衛將軍。	王審琦子。
石保吉	尚太祖女魯國大長公主	左衛將軍。	石守信子。
魏咸信	尚太祖女陳國大長公主	右衛將軍。	魏仁浦子。
吳元扆	尚太宗女徐國大長公主	尚主後授衛將軍、駙馬都尉。領愛州刺史。後知鄆州、河陽。後以主疾召還，主薨，復遣之任。真宗即位，換安州觀察使，知澶州，遷寧國軍留後，景德元年拜武勝軍節度。以臨鎮故，分領七州軍戎事，加檢校太傅、知徐州。卒贈中書令，子弟進秩者五人。	永興節度使吳延祚次子。
吳守禮	吳元扆與公主子	六宅使、澄州刺史，以帝甥特贈和州防禦使。	
吳守嚴	吳元扆子	內殿崇班。	
吳守良	吳元扆子	內殿崇班。	
吳守讓	吳元扆子	閣門祗候。	
吳承嗣	吳守嚴子	天禧中，錄為殿直。	
吳承緒	吳守嚴子	天禧中，錄為殿直。	

（續）

姓名	親屬	任官情形	附註
柴宗慶	尚太宗女揚國大長公主	左衛將軍，領恩州刺史。禹錫卒，真拜康州防禦使，改復州。真宗歷拜彰德軍節度使，仁宗即位，徙永清彰德軍，拜同中書門下平章事。後改陝州，潞州，判鄭州，濟州。喜與賓客相往還，卒贈中書令。	柴禹錫孫，柴宗亮子。 無子。
王貽永	尚太宗女雍國大長公主，舅為魏咸信	右衛將軍，駙馬都尉。從封泰山，領高州刺史，再遷右監門衛大將軍、獎州團練使。求外補，得知單州。真宗拜洺州團練使，徙徐州，後復知澶州，鄆州，定州等。擢同知樞密院使，改副使，加宣徽南院使，進樞密院使，久之，拜同中書門下平章事，加兼侍中。卒贈太師、中書令。	太師王溥子。
王道卿	王貽永子	西上閣門使。	
李遵勖	尚太宗女荊國大長公主	舉進士，大中祥符尚公主後授左龍武將軍，駙馬都尉。歷官均州團練使，徙蔡州，又遷宣州觀察使，求補郡自試。出知澶州，遷昭德軍節度觀察留後，拜寧國軍節度使，徙鎮國軍，知許州，卒贈中書令。	李崇矩孫，繼昌子。
李端懿	李遵勖之子	七歲授如京副使，侍真宗東宮。七遷濟州防禦使，知冀州，後知均州，改滑州兵馬鈐轄。遷蔡州觀察使，同勾當三班院，出知鄆州兼京東西路安撫使，尋除寧遠軍節度使，知澶州。	

（續）

姓名	親屬	任官情形	附註
李端愿	李遵勗之子	七歲授如京副使，四遷為恩州團練使。累進邢州觀察使，鎮東軍留後，知襄、鄆州，移廬州。英宗初，拜武康軍節度使，知相州。連年請老，以太子少保致仕。哲宗繼位，進太子太保。	
李端愨	李遵勗之子	官左藏庫使，累遷東上閤門使，知邢、冀、衛三州，至蔡州觀察使。元祐中，以安德軍留後卒，贈節度使。	
李評	李端愿之子	由東頭供奉官八遷皇城使，以父告老，授西上閤門使，為樞密都承旨，出使陝西、河東。以榮州刺史出知潁州，進成州團練使，知蔡州。卒贈冀州觀察使。	
郭允恭	仁宗郭皇后之父	以父任授殿直，至崇儀副使、知常州卒。天聖三年，詔贈郭崇尚書令兼中書令，守璘太尉、寧國軍節度，允恭太傅、安德軍節度。後又加封崇英國公，加贈守璘節度兼中書令，允恭節度兼侍中。	允恭父為守璘，祖為郭崇。
郭中庸	郭皇后兄弟，允恭子	左侍禁、閤門祇候、副使。	
郭中和	郭皇后兄弟，郭允恭子	為西染院副使，娶潁川郡王德彝女。	
曹玘	仁宗曹皇后之父	尚書虞部貝外郎，後封吳王。	曹彬子，曹彬卒贈韓王。

（續）

姓名	親屬	任官情形	附註
曹佾	仁宗曹皇后之弟	右班殿直累進殿前都虞侯、安化軍留後，言者謂年未四十未典軍，出知澶、青、許三州，徙河陽，以建武軍節度使為宣徽北院使，知鄆州，改保靜保平軍節度使，同中書門下平章事，加兼侍中，封濟陽郡王。哲宗即位，加少保。卒贈太師，追封沂王。	曹彬之孫。
曹偕	曹皇后兄弟	為許州都監時有治績。累遷東上閣門使，知雄州，進華州防禦使，知相州，徙河陽總管。	
曹傅	曹皇后兄	榮州刺史。	
曹評	曹佾之子	以父任累官至引進使，知審官西院，積遷溫州防禦使。徽宗即立，遷相州觀察使，殿前都虞侯，馬步軍副都指揮使，寧遠軍留後，平海軍節度使。使契丹者四，館伴者十二，在閣門十二年。卒贈開府儀同三司。	
曹誘	曹佾之子	以蔭至左藏庫副使，神宗時任閣門通事舍人。後遷文州刺史，出使契丹，還為樞密副都承旨，徽宗時，進都承旨，大觀中，進安德軍節度使，與兄曹評同日拜。卒贈開府儀同三司。	
曹詩	尚仁宗女兗國大鑒公主	左軍衛大將軍。	曹彬四代孫，都指揮使曹琮孫。

（續）

姓名	親屬	任官情形	附註
錢景臻	尚仁宗女魯國大長公主	左軍衛大將軍。	吳越王孫，錢惟演孫。
郭獻卿	尚仁宗女魏國大長公主	左領軍衛大將軍，後為開州團練使。	司徒郭崇仁曾孫。
潘惟熙	真宗潘皇后父	平州刺史。	父為潘美，惟熙娶秦王女，以后故，潘美追封鄭王。
郭守文	真宗郭皇后之父	宋初遷西頭供奉官，太平興國初遷西上閣門使。從征太原，以功遷東上閣門使，領澶州刺史，召還擢為內客省使。端拱初改南院使、鎮州路都部署。卒贈侍中，追封譙王。	有子崇德，崇信，崇儼，後兩人以后兄故，贈官。
郭崇信	郭皇后兄	西京左藏庫使、同知皇城司，贈福州觀察使。	
郭崇儼	郭皇后兄	崇儀使、全州刺史，贈潤州觀察使。	
郭崇仁	真宗郭皇后之弟	補左班殿直，遷東頭供奉官，閣門祗候。章穆崩，除莊宅使，康州刺史。遷宮宛使，昭州團練使。丁母憂，改蔡州，擢都指揮使，賀州防禦使，以疾落軍職，改磁州防禦使。	
郭崇德	郭皇后兄弟	太子中舍。	
郭承壽	郭崇德子	虞部員外郎。	
劉美	真宗劉皇后之從兄	真宗即位後補三班奉職，再遷右侍禁、閣門祗候。大中祥符年遷供奉官，徙嘉州。召還改內殿崇班，東	

（續）

姓名	親屬	任官情形	附註
		西八作司，遷洛苑副使。德妃正位中宮，贈忠正軍節度，檢校太傅，延慶彰德軍節度，檢校太尉。	
劉從德	劉美之子	蔭補殿直，遷供備庫使。太后臨朝後以崇儀使拜恩州刺史，又遷團練使、知衛州。改恩州兵馬都總管，知相州。	以廿四歲道卒，太后悲憐，錄內外姻戚門人數十人。
劉從廣	劉美之子	西頭供奉官遷內殿崇班。少出入禁中，侍仁宗左右，太后愛之如家人子。太后崩，拜崇州團練使，後為滁州防禦使，十年不遷，後拜宣州觀察使，請補外自效，知洺州，召還復領三班院。卒贈節度使。	
馬季良	劉美女婿	本茶商娶劉美女，補越州上虞尉，改秘書省校書郎。知明州鄞縣，入為刑部詳覆官，太后臨朝遷光祿寺丞，擢秘閣校理，判太常禮院，太常丞擢龍圖閣待制。會江南旱出為安撫使，再遷兵部郎中，後徙壽州，致仕。	
劉永年	劉從德子	四歲授內殿崇班，許出入兩宮。累遷廉州團練使，為陝州都監，擢幹辦皇城司，改單州團練使，永興軍路總管。出知涇州，凡三除防禦使，皆為言者所論而寢。英宗立，遷沂州防禦使，復知代州。遷邕州觀察使，步軍副都指揮使，卒贈崇信軍節度使。	

（續）

姓名	親屬	任官情形	附註
楊知信	真宗楊淑妃從父	禁軍都領，副指揮使。	
楊景宗	真宗楊淑妃從父弟	補茶酒班殿侍，累遷西頭供奉官，閤門祇候，坐事降左侍禁。其後因章惠太后故，進崇儀使，領連州刺史，揚州兵馬鈐轄，章惠崩，遷成州防禦使。	楊知信之子。
李用和	真宗李宸妃（仁宗母）之弟	補三班奉職，累遷右侍禁，閤門祇候。太后崩後，遷禮賓使，領皇城司，遷崇儀使，賀州刺史。授寧州刺史，永清軍節度觀察留後，改真定府、定州路。歷殿前都指揮副使，後以老乞罷軍職，拜宣徽北院使，改彰信軍節度使，同中書門下平章事。卒贈太師、中書令、隴西郡王。	
李璋	李用和之子	補三班奉職，積官為天平軍節度觀察留後，知潭州，徙曹州觀察使，累遷武勝軍節度使，殿前都指揮使。以武成軍節度使知鄆州，知鄧州，坐失舉，後改知郢州。	
李珣	李用和之三子	蔭補為閤門祇候，時璋為閤門副使，珣又求通事舍人，後一年才命之。知相州，遷觀察使，宣州觀察使。哲宗時進泰寧軍留後，提舉萬壽宮，後復知相州。	
李瑋	李用和之子，尚兗國公主	積官為濮州團練使，與公主不諧，降建州，落駙馬都尉，知衛州。後赦還京師，至建武軍節度使，檢校太師。	

（續）

姓名	親屬	任官情形	附註
張堯佐	仁宗溫成皇后世父	舉進士，歷任憲州、筠州推官，有治績。後仁宗祀明堂，改戶部侍郎，尋拜四使，被群臣反對，辭兩使卒贈太師。	
張山甫	張堯佐子	引進副使，樞密副都承旨。	
張堯封	溫成皇后生父	舉進士，為石州推官卒，累贈至中書令，清河郡王。	
高遵甫	英宗高皇后父	北作坊副使。神宗即位後，贈太師，尚書令兼中書令，楚王。	祖為高瓊，父為高繼勳。
高遵裕	高后之叔	以父任累遷供備庫副使。熙寧初任秦鳳路安撫副使，知軍事。元豐四年知慶州，興諸路討夏，以潰歸，貶郢州團練副使。哲宗時復右屯衛將軍，主管中嶽廟。卒贈永州團練使，紹聖中崇贈奉國軍節度觀察留後。	
高遵惠	遵裕從弟	蔭為供奉官，熙寧中試經義中選，換大理評事，歷三班院主簿，軍器丞。元祐擢太僕少卿，進太府卿知河中府，改河北路轉運使，未行，拜工部侍郎，以集賢殿修撰知鄆州。後召為戶部侍郎，以龍圖閣學士知慶州。卒贈樞密直學士。	
高士林	英宗高皇后之弟	累官內殿崇班，殿直，英宗每欲進擢，后屢辭乃止。卒贈德州刺史，神宗立，加贈昭德軍節度使，紹興初，追封普安郡王。	

（續）

姓名	親屬	任官情形	附註
高公紀	高皇后之侄，高士林之子	閤門祗候，通事舍人。累進寧州刺史、團練使，永州防禦使，集慶軍留後，卒贈感德軍節度使，紹興初，追封新興郡王。	
高世則	高公紀之子	恩補左班殿直，至內殿崇班。復用父表恩為閤門祗候，後除親衛郎，以通經典，轉內殿承制，累遷康州防禦使，知西上閤門事。徽宗時遷東上閤門事。高宗艱難時，世則嘗在左右，故以感德軍節度使，充萬壽觀使，進開府儀同三司，奉朝請，卒贈太傅。	
王師約	尚英宗女楚國大長公主	父子皆業進士。屯田員外郎王克臣子孝莊，後賜名師約。左衛將軍，今至宰相第試以詩而以所業賦一編以進御，至召見清居殿。	王承衍曾孫。
王詵	尚英宗女魏國大長公主	善書畫，左衛將軍。	副都指揮使王愷孫。
張敦禮	尚英宗女韓國大長公主	左衛將軍。其後任州防禦使，密州觀察使。崇寧初拜寧遠軍節度使，後因諫官言，奪節為集慶軍留後，大觀初復節度寧遠軍，徙雄武。卒贈開府儀同三司。	屯田郎中張宗雅子丕，賜名敦禮。
韓嘉彥	尚神宗女唐國長公主	左衛將軍。	韓琦子。
王遇	尚神宗女潭國賢孝長公主	左衛將軍。	

（續）

姓名	親屬	任官情形	附註
潘意	尚神宗女徐國長公主	左衛將軍。	潘美曾孫，左衛將軍。
石端禮	尚哲宗女陳國長公主	左衛將軍。	西京左藏庫副使石澈之子。
潘正夫	尚哲宗女秦國康懿長公主	進士出身，後為左衛將軍。	右侍禁潘絳子弟為潘敦武閤門祇候，潘堯夫於職名上轉行。
向傳範	神宗向皇后叔父	以父故任衛尉丞，改內殿崇班。歷知相、恩、邢三州，入管幹客省、閤門、皇城司，知陝州。熙寧初，知鄆州兼京東西路安撫使，後以密州觀察使卒，贈昭德軍節度使。	父為向敏中。
向經	哲宗向皇后之父，向傳範之從姪	蔭至虞部員外郎，神宗時以后故改莊宅使，後進光州團練使。以濰州防禦使知陳州，有治績，後知徐州與青州等，卒於淄州。	向經祖父為向敏中。
向綜	神宗向皇后之叔，向傳範從姪	通判桂州、常州、鼎、漳、汾、密、棣、沂等七州，官累中散大夫，卒。	
向宗回	向經之子，向皇后兄弟	累官相州觀察使。徽宗立，進彰德軍留後，歷節度使，檢校司空，封郡王，開府儀同三司。崇寧初有人告以陰事，宗回還印綬，以太子少保致仕，後削官爵流郴州。卒贈檢校少師。	
向宗良	向經之子，向后兄弟	歷秀州刺史、利州觀察使，昭信軍留後，節度使，開府儀同三司，永	

（續）

姓名	親屬	任官情形	附註
		嘉郡王。向后臨朝時，嘗為陳瓘論其與蔡京相結。宣和中卒，贈少保。	
任澤	仙遊夫人母弟（英宗母舅）	英宗即位後，召受西頭供奉官，寵賚甚厚。神宗時累遷皇城使，領昌州刺史，後拜嘉州刺史，卒贈節度使。	
韓忠彥	弟韓嘉彥為駙馬	舉進士，門下侍郎，累任知樞密院事，參知政事。	父為韓琦。
鄭居中	徽宗鄭皇后從兄弟	舉進士，任同知樞密院事，後任樞密院事。	父為鄭紳。
曾夤	尚徽宗女嘉德帝姬	進士出身，左衛將軍。靖康之禍後北遷。	曾公亮四世姪。
曹晟	尚徽宗女順淑（榮德）帝姬	左衛將軍。靖康之禍後北遷。	光祿卿曹調子。
宋邦光	尚徽宗女安德帝姬	左衛將軍。靖康之禍後北遷。	西頭供奉官宋景之孫，左衛將軍。
蔡鞗	尚徽宗女茂德帝姬	朝散郎及宣和殿待制。特轉中大夫，保和殿待制六年後與除保和殿直學士。尚主後為左衛將軍，靖康之禍後北遷。	蔡京之子。
曹湜	尚徽宗女崇德帝姬	左衛將軍。	曹誘之孫。
向子房	尚徽宗女成德帝姬	左衛將軍。靖康之禍後北遷。	
田丕	尚徽宗女洵德帝姬	左衛將軍。靖康之禍後北遷。	

（續）

姓名	親屬	任官情形	附註
劉文彥	尚徽宗女顯德帝姬	左衛將軍。靖康之禍後北遷。	
向子展	尚徽宗女順德帝姬	左衛將軍。靖康之禍後北遷。	

資料來源：《宋史》、《宋會要輯稿》、《靖康稗史》

表二　北宋皇帝配饗大臣，黑體字為具外戚身分

皇帝名	文臣	武臣
太祖	趙普	**曹彬**
太宗	薛居正，石熙載	**潘美**
真宗	李沆，王旦	**李繼隆**
仁宗	王曾，呂夷簡	**曹瑋**
英宗	**韓琦**，曾公亮	
神宗	富弼	
哲宗	司馬光	
徽宗	**韓忠彥**	

表三　北宋駙馬

駙馬姓名	公主名	公主身分	任官／出身	兒女
高懷德	燕國長公主	太祖姐妹	原殿前副都點檢，尚主後任駙馬都尉，以功遷忠武軍節度，加同平章事。	處恭，處俊。

（續）

駙馬姓名	公主名	公主身分	任官／出身	兒女
王承衍	魏國大長公主	太祖女	王審琦子，左衛將軍。	世安、世隆、世雄、世融（世隆為公主生）。
石保吉	魯國大長公主	太祖女	石守信子，左衛將軍。	貽孫
魏咸信	陳國大長公主	太祖女	魏仁浦子，右衛將軍。	昭易、昭亮、昭侃（昭亮為公主生）。
吳元扆	徐國大長公主	太宗女	永興節度使吳延祚次子，右衛將軍。	子守禮、守嚴（守禮為公主生）。
柴宗慶	揚國大長公主	太宗女	柴禹錫孫，柴宗亮子，左衛將軍。與賓客相往還。	
王貽永	雍國大長公主	太宗女	太師王溥子，右衛將軍。	
李遵勗	荆國大長公主	太宗女	李崇矩孫，繼昌子。	端懿、端愿（與端懿皆公主生）、端慤。
李瑋	周、陳國大長公主	仁宗女	李太后兄子，左衛將軍。	李嗣徽（嗣子）。
錢景臻	魯國大長公主	仁宗女	吳越王孫，錢惟演孫。左軍衛大將軍。	子錢忱、錢愕（避地南渡時被害）另愐、愷皆非公主所生。
曹詩	袞國大長公主	仁宗女	曹彬四代孫，都指揮使曹琮孫，左領軍衛大將軍。	子曹曄，曹旼皆領團練使。

（續）

駙馬姓名	公主名	公主身分	任官／出身	兒女
郭獻卿	魏國大長公主	仁宗女	司徒郭崇仁曾孫，左領軍衛大將軍，後為開州團練使。	
王師約	楚國大長公主	英宗女	王承衍曾孫，父子皆業進士。屯田員外郎王克臣子孝莊，後賜名師約。左衛將軍，今至宰相第試以詩而以所業賦一編以進御，至召見清居殿。	王殊（公主生）。
王詵	魏國大長公主	英宗女	祖王全斌，副都指揮使王凱孫，左衛將軍，善書畫。	子王彥弼，三歲卒。
張敦禮	韓國大長公主	英宗女	屯田郎中張宗雅子丕，賜名敦禮，左衛將軍。其後任州防禦使，密州觀察使。	
韓嘉彥	唐國長公主	神宗女	韓琦子。左衛將軍。	六子：恕、詔、誠、諮、瑛、爕（皆非公主生）。
王遇	潭國賢孝長公主	神宗女	不詳	
潘意	徐國長公主	神宗女	潘美曾孫，左衛將軍。	公主無子，視媵妾之女為己出。
石端禮	陳國長公主	哲宗女	西京左藏庫副使石澈之子，左將軍。	

（續）

駙馬姓名	公主名	公主身分	任官／出身	兒女
潘正夫	秦國康懿長公主	哲宗女	右侍禁潘絳子，為進士。弟為潘敦武閤門祇候，潘堯夫於職名上轉行。	長卿，粹卿係武德大夫，潘端卿、溫卿係武功郎，轉大夫帶行遙郡，又管臺州道觀。清卿為容州觀察使墨卿、才卿帶團練使。
曾夤	嘉德帝姬	徽宗女	曾公亮四世孫姪，進士，左衛將軍。	
曹晟	順淑（榮德）帝姬	徽宗女	光祿卿曹調子，左衛將軍左衛將軍。	
宋邦光	安德帝姬	徽宗女	西頭供奉官宋景之孫，左衛將軍。	
蔡鞗	茂德帝姬	徽宗女	蔡京之子，朝散郎及宣和殿待制。特轉中大夫，保和殿待制六年後與除保和殿直學士。	蔡愉（公主生）補武節郎。
曹湜	崇德帝姬	徽宗女	曹誘之孫，左衛將軍。	
向子房	成德帝姬	徽宗女	向敏中家族孫。	
田丕	洵德帝姬	徽宗女	不詳	
劉文彥	顯德帝姬	徽宗女	不詳	
向子展	順德帝姬	徽宗女	向敏中家族孫。	

參考書目

（一）史料

不著撰人　《宋大詔令集》　北京市　中華書局　1997年12月

不著撰人　《兩朝綱目備要》　北京市　中華書局　1995年7月

不著撰人　《皇宋中興二朝聖政》　臺北市　文海出版社　1967年

王　曾　《王文正公筆錄》　叢書集成初編本　北京市　中華書局
　　　　1985年

王　稱　《東都事略》　臺北市　文海出版社　1967年

王　昶　《金石萃編》　續修四庫叢書本　上海市　上海古籍出版社
　　　　1999年

王禹偁　《小畜集》　四庫全書本　臺北市　臺灣商務印書館　1968年

王欽若　《冊府元龜》　北京市　中華書局　1989年

王應麟　《玉海》　上海市　古籍出版社　1992年7月

王　溥　《五代會要》　叢書集成初編本　北京市　中華書局　1985年

王　溥　《唐會要》　北京市　中華書局　1998年11月

李心傳　《建炎以來朝野雜記》　收入《唐宋史料筆記叢刊》　北京
　　　　市　中華書局　2006年3月

李心傳　《建炎以來繫年要錄》　北京市　中華書局　1988年

李　攸　《宋朝事實》　叢書集成初編本　北京市　中華書局　1985年

李延壽　《北史》　二十五史點校本　北京市　中華書局　1993年10
　　　　月第五次印刷

李清臣　《琬琰集刪存》　臺北市　成文出版社　1971年

李　燾　《續資治通鑑長編》　《續資治通鑑長編拾補》　北京市　中華書局　2004年

《資治通鑑長編紀事本末》　臺北市　文海出版社　1967年

房玄齡等　《晉書》　二十五史點校本　北京市　中華書局　1993年10月第五次印刷

徐松輯　《宋會要輯稿》　臺北市　新文豐書局　1976年

司馬遷　《史記》　二十五史點校本　北京市　中華書局　1995年3月第八次印刷

司馬光　《涑水紀聞》　收入《唐宋史料筆記叢刊》　北京市　中華書局　1997年12月

班固等　《漢書》　二十五史點校本　北京市　中華書局　1995年3月第八次印刷

馬端臨　《文獻通考》　臺北市　商務印書館　1987年

脫脫等　《宋史》　二十五史點校本　北京市　中華書局　1995年3月湖北第3次印刷

王梓材　《宋元學案補遺》　臺北市　世界書局　1974年

曾　布　《曾公遺錄》　臺北市　文海出版社　1979年

邵伯溫　《邵氏聞見錄》　收入《唐宋史料筆記叢刊》　北京市　中華書局　1997年12月

朋九萬　《東坡烏臺詩案》　叢書集成初編本　北京市　中華書局　1985年

陳邦瞻　《宋史紀事本末》　上海市　上海古籍出版社　1994年7月

陸心源　《宋史翼》　北京市　新華書店　1991年

朱　熹　《三朝名臣言行錄》　四部叢刊初編本　上海書店　1989年

朱　熹　《朱子諸子語類》上海市　上海古籍出版社　1992年5月

趙汝愚編　《諸臣奏議》　臺北市　文海出版社　1960年5月

趙　昇　《朝野類要》　收入《唐宋史料筆記叢刊》　北京市　中華
書局　2007年10月

趙　翼　《二十二史劄記》　臺北市　世界書局　1986年10月第九版

劉　昫　《舊唐書》　二十四史點校本　北京市　中華書局　1996新版

歐陽修　《新唐書》　二十四史點校本　北京市　中華書局　1996新版

司馬光　《涑水記聞》　北京市　中華書局　1997年12月

葉紹翁　《四朝聞見錄》　北京市　中華書局　1997年12月

葉夢得　《石林燕語》　北京市　中華書局　1997年1月第二次印刷

葉夢得　《避暑錄話》叢書集成初編本　北京市　中華書局　1985年

劉　摯　《忠肅集》　四庫全書本　臺北市　臺灣商務印書館　1969年

羅大經　《鶴林玉露》　北京市　中華書局校點本　1997年12月

彭百川　《太平治蹟統類》　臺北市　成文出版社影適園叢書本

江少虞　《皇朝類苑》　臺北市　文海出版社　1981年

岳　珂　《愧郯錄》　叢書集成初編本　北京市　中華書局　1985年

王闢之　《澠水燕談錄》　收入《唐宋史料筆記叢刊》　北京市　中
華書局　1997年12月

畢仲游　《西臺集》　收入《百部叢書集成》　臺北市　藝文印書館
1965年

魏　泰　《東軒筆錄》　收入《唐史史料筆記叢刊》　北京市　中華
書局　1997年12月

（二）專書及論文

鄧小南　《祖宗之法——北宋前期政治述略》　北京市　生活・讀
書・新知三聯書店　2006年

劉靜貞　《北宋前期皇帝和他們的權力》　臺北市　稻鄉出版社
1996年4月

聶崇歧　〈論宋太祖收兵權〉　《燕京學報》　34期　1948年6月

雷海宗　〈皇帝制度之成立〉　《清華學報》　第9卷4期　1934年10月

楊聯陞著　林維紅譯　〈中國歷史上的女主〉　《食貨月刊》　第1
　　　卷第11期　1972年2月

蔣復璁　〈宋代一個國策的檢討〉　《大陸雜誌》　第9卷第8期
　　　1954年10月

宮崎市定　〈宋元的經濟狀況〉　《世界文化史大系》　第12卷（電
　　　子書）　2003年

劉子健　《兩宋史研究彙編》　臺北市　聯經出版公司　1987年11月

張邦煒　《宋代皇親與政治》　成都市　四川大學出版社　1993年12月

張儒婷　《宋代外戚地位研究》　長春市　東北師範大學碩士論文
　　　2007年6月

何冠環　《北宋武將研究》　香港　中華書局　2003年6月

何冠環　《攀龍附鳳——北宋潞州上黨李氏外戚將門研究》　香港
　　　中華書局　2013年5月

何冠環　〈宋初三朝武將的量化分析〉　《食貨月刊》　16卷3期
　　　1986年12月

何冠環　〈宋太祖朝的外戚武將〉　收入《漆俠先生紀念文集》　保
　　　定市　河北大學出版社　2006年

何冠環　〈北宋外戚將門陳州宛丘符氏考論〉　香港　《中國文化研
　　　究所學報》　2007年

柳立言　〈宋初一個武將家族的興起鳳——真定曹氏〉　《中國近世
　　　社會文化史論文集》　臺北市　中央研究院歷史語言研究所
　　　1992年6月

任立輕　《宋代河內向氏家族研究》　保定市　河北大學碩士論文
　　　2006年4月

高路加　《高姓群體的歷史與傳統》　呼和浩特市　內蒙古大學出版
　　　　社　1997年10月

何　成　〈宋代王審琦家族興盛原因述論〉　《甘肅社會科學》
　　　　2001年6月　頁69-71

王善軍　〈宋代真定曹氏家族剖析〉　《歷史文化研究》第19輯　韓
　　　　國外國語大學歷史文化研究所　2003年　頁189-209

胡　坤　〈近代貴盛，鮮有其比──三代外戚武將宋偓事迹考述〉
　　　　收入姜錫東編　《宋史研究論叢》第十二輯　保定市　河北
　　　　大學出版社　2011年12月　頁150-174

賈明杰　《宋初名將李繼隆研究》　保定市　河北大學碩士論文
　　　　2008年6月

馬天寶　《北宋吳越錢氏後裔──錢惟演研究》　保定市　河北大學
　　　　碩士論文　2011年6月

楊　果　〈從戰將到庸夫的符彥卿〉　收於朱雷主編　《外戚傳》
　　　　鄭州市　河南出版社　1992年

張普荐　〈北宋初年將門現象探析──以符氏將門家族的發展為例〉
　　　　《史學彙刊》　23期　1999年

梁偉基　〈從帝姬和親到廢立異姓──北宋靖康之難新探〉　《新史
　　　　學》　15卷3期　臺北市　新史學雜誌　2004年9月

陶晉生　〈北宋韓琦的家族〉　《中國近世社會文化史論文集》　臺
　　　　北市　中央研究院歷史語言研究所　1992年

苗書梅　〈宋代宗室、外戚與宦官任用制度述論〉　《史學月刊》
　　　　1995年第5期

王曾瑜　〈宋朝相州韓氏家族〉　《新史學》　8卷4期　臺北市　新
　　　　史學雜誌　1997年12月

張邦煒　〈關於建中之政〉　《四川師範大學學報》　第29卷第6期
　　　　2002年11月

張邦煒　〈兩宋無內朝論〉　《河北學刊》　1992年第1期

葛紹歐　〈從北宋仁宗朝宮廷外戚事件看監察權的行使〉　《師大歷
　　　　史學報》　第五期　1977年

楊光華　〈宋代后妃、外戚預政的特點〉　《西南師範大學學報》
　　　　1994年第3期

陳　峰　《武士的悲哀──北宋崇文抑武現象透析》　西安市　陝西
　　　　人民教育出版社　2000年2月

平田茂樹　《宋代政治結構研究》　上海市　上海古籍出版社　2010
　　　　年8月

羅龍治　《唐代的后妃與外戚》　臺北市　桂冠出版社　1978年

王壽南　《唐代人物與政治》　臺北市　文津出版社　1999年

毛漢光　〈唐代後半期后妃之分析〉　《台大文史哲學報》　第37期
　　　　1989年

傅樂成　〈西漢的幾個政治集團〉　收入《漢唐史論集》　臺北市
　　　　聯經出版社　1977年

張小鋒　《西漢中後期政局演變探微》　天津市　天津古籍出版社
　　　　2007年

宮崎市定：〈北宋の士風〉　《アジア史研究》第四輯　京都　同朋舍
　　　　1979年

Patricia Buckley, Ebrey; *Emperor Huizong and Late Northern Song China*,
　　　　Harvard University 2006.

史學研究叢書・歷史文化叢刊 0602010

北宋的外戚與政治

作　　者　黃純怡
責任編輯　吳家嘉
特約校稿　林秋芬

發 行 人　林慶彰
總 經 理　梁錦興
總 編 輯　張晏瑞
編 輯 所　萬卷樓圖書股份有限公司
　　　　　臺北市羅斯福路二段 41 號 6 樓之 3
　　　　　電話 (02)23216565
　　　　　傳真 (02)23218698

發　　行　萬卷樓圖書股份有限公司
　　　　　臺北市羅斯福路二段 41 號 6 樓之 3
　　　　　電話 (02)23216565
　　　　　傳真 (02)23218698
　　　　　電郵 SERVICE@WANJUAN.COM.TW
香港經銷　香港聯合書刊物流有限公司
　　　　　電話 (852)21502100
　　　　　傳真 (852)23560735

ISBN 978-957-739-995-3
2018 年 8 月初版二刷
2016 年 3 月初版
定價：新臺幣 240 元

如何購買本書：

1. 劃撥購書，請透過以下郵政劃撥帳號：
　　帳號：15624015
　　戶名：萬卷樓圖書股份有限公司
2. 轉帳購書，請透過以下帳戶
　　合作金庫銀行　古亭分行
　　戶名：萬卷樓圖書股份有限公司
　　帳號：0877717092596
3. 網路購書，請透過萬卷樓網站
　　網址 WWW.WANJUAN.COM.TW

大量購書，請直接聯繫我們，將有專人為
您服務。客服：(02)23216565 分機 610

如有缺頁、破損或裝訂錯誤，請寄回更換

國家圖書館出版品預行編目資料

北宋的外戚與政治 / 黃純怡著. -- 初版. -- 臺
北市：萬卷樓，2016.03
　　面；　　公分. -- (史學研究叢書.歷史文化叢刊)
ISBN 978-957-739-995-3 (平裝)

1.外戚　2.北宋史

625.1　　　　　　　　　　　　　　105005832